imaginist

想象另一种可能

理
想
国
imaginist

中国思想史　　　　　　　　　钱　穆 著

书海出版社
·太原·

图书在版编目（CIP）数据

中国思想史 / 钱穆著 . -- 太原：书海出版社，2023.3
ISBN 978-7-5571-0098-8

Ⅰ. ①中… Ⅱ. ①钱… Ⅲ. ①思想史－中国 Ⅳ. ①B2

中国版本图书馆CIP数据核字（2022）第255926号

中国思想史

作　　者：	钱　穆
责任编辑：	李　鑫
特约编辑：	鱿　峆
复　　审：	崔人杰
终　　审：	贺　权
装帧设计：	董茹嘉
内文制作：	陈基胜　李丹华

出 版 者：	山西出版传媒集团·书海出版社
地　　址：	太原市建设南路21号
邮　　编：	030012
发行营销：	0351-4922220　4955996　4956039 4922127（传真）
天猫官网：	https://sxrmcbs.tmall.com　电话：0351-4922159
E-mail：	sxskcb@163.com　发行部　sxskcb@126.com　总编室
网　　址：	www.sxskcb.com

经 销 者：	山西出版传媒集团·书海出版社
承 印 厂：	山东韵杰文化科技有限公司

开　　本：	787mm×1092mm　1/32
印　　张：	9.875
字　　数：	200千字
版　　次：	2023年3月　第1版
印　　次：	2023年3月　第1次印刷
书　　号：	ISBN 978-7-5571-0098-8
定　　价：	48.00元

如有印装质量问题请与本社联系调换

出版说明

钱穆先生著作简体版系列，经钱先生著作权合法继承人授权，以钱宾四先生全集编辑委员会所编、联经出版事业公司出版之《钱宾四先生全集》为底本，重排新校出版。

《中国思想史》系钱先生应张晓峰先生编纂"现代国民基本知识丛书"之约稿而写成。一九五二年十一月在台湾由中华文化出版事业委员会出版。一九七七年春，钱先生重校此书，略作增添改定，交由台湾学生书局于是年四月重排印行。一九八〇年学生书局再版，又对原版有所校正。《全集》即以学生书局再版本为底本进行整理；最后《孙中山》一篇，后来钱先生曾单文发表，并于篇首增写一段文字，也全部被《全集》收入。

二〇二三年二月

目录

自序 / i

例言 / xi

一　思想和思想史 / 1

二　中国思想史 / 2

三　春秋时代 / 3

四　子产 / 4

五　叔孙豹 / 7

六　孔子 / 9

七　战国时代 / 20

八　墨子 / 21

九　杨朱 / 26

一〇　孟子 / 28

一一　庄子 / 37

一二　惠施与公孙龙 / 49

一三　荀卿 / 55

一四　老子 / 66

一五　韩非 / 76

一六　秦汉时代 / 82

一七　易传与中庸 / 83

一八　大学与礼运 / 101

一九　邹衍与董仲舒 / 106

二〇　王充 / 110

二一　魏晋时代 / 114

二二　王弼 / 115

二三　郭象与向秀 / 125

二四　东晋清谈 / 139

二五　南北朝隋唐之佛学 / 142

二六　竺道生 / 145

二七　慧能 / 152

二八　慧能以下之禅宗 / 162

二九　宋元明时代 / 165

三〇　周濂溪 / 167

三一　邵康节 / 172

三二　张横渠 / 177

三三　程明道 / 183

三四　程伊川 / 189

三五　朱晦庵 / 196

三六　陆象山 / 214

三七　王阳明 / 219

三八　清代 / 236

三九　王船山 / 238

四〇　颜习斋 / 247

四一　戴东原 / 254

四二　章实斋 / 266

四三　现代思想 / 270

四四　孙中山 / 275

自 序

西方思想，大体可分三系：一为宗教，二为科学，三为哲学。此三系思想，均以探讨真理为目标。所谓真理，则可有两种看法：一认真理为超越而外在，绝对而自存。一认真理即内在于人生，而仅为人生中之普遍与共同的。此二看法，各有是处。天地万物，本先人类而有。天地万物有天地万物之理，其时尚无人类，则谓此等真理超越外在，独立自存，自无可议。迨既有人类之后，便有内在于人生界之真理，络续发现。此仅指其在人生界有普遍性、共同性，决非亦超越人生而外在。然此二项真理，亦非全相隔绝，抑且互有关涉。人生本从宇宙界来，本在天地万物中，故人生真理中必处处涵有宇宙真理，亦必处处被限制于宇宙真理中而不能违反与逃避。然就人生论人生，则人生本身，亦必有其内在之真理。此二项真理之分别，本极明显。然人类思想往往从此分别上发生种种偏差与歧误。

宗教家认为有一万善之上帝，创造天地万物以及人类。遂认为人生界种种真理，皆由上帝而来。故宗教真理乃为超越而外在者。科学家不认有此上帝，然抹杀人类与万物之大区别，以为天地万物之理已包括尽人生之理，因此，于天地万物自然真理之外不再认有人生真理之存在。则科学真理亦为超越而外在者。宇宙界若无人类，此上帝之理，万物自然之理，依然存在。则此项真理，根本不因人类之有无而有无，人生之变动而变动。由此观念而产生一种向外觅理之态度。宗教与科学所探究之真理虽不同，此一向外寻觅之态度，则为两者之所同。

西方哲学派别尤繁，然或则导源于宗教，或则依傍于科学。我们暂可归纳之为两大干：一主理性，一主经验。若主理性，试问理性何自来？必谓其属诸先天。又问理性与人类之关系，则谓理性乃绝对而自存。此即其渊源宗教之证。其主经验者，都认经验由个人与外界天地万物之接触因应而来，则经验所得即天地万物外在自然之理。此则不得不依傍科学。然则西方哲学，大体亦向外觅理，其在态度上，仍与宗教、科学一致。

中国思想，有与西方态度极相异处，乃在其不主离开人生界而向外觅理，而认真理即内在于人生界之本身，仅指其在人生界中之普遍共同者而言。此可谓之向内觅理，因此对超越外在之理颇多忽略。不仅宗教、科学不发达，即哲学亦然。若以西方哲学绳律中国思想，纵谓中国并未有纯正哲学，亦非苟论。

然真理确有此两面，一属自然，一属人文。前者须超越人生，向外觅之；后者须即就人生本身，向内觅之。并当求其界限，明审其交互之相通流，乃始得真理之大全。

如论宗教，固有一至善创世之上帝否？据科学言，似此非真理。然宗教信仰，实于人生界有作用、有贡献。故宗教真理，纵谓于自然界非真理，而于人生界则不得谓其全非真理。换言之，宗教所信仰者纵非真理，而宗教信仰之本身，则确有真理寓乎其中。宗教所信仰属宇宙界，属超越外在，而宗教信仰之本身，则属人生界，系普遍内在共同内在之一种人文心理。此种心理之有用而不可毁弃，本身即成为人生界一真理，可不因科学界所发现之自然真理而推翻。

再言科学，其所发现者固属真理，然不属人生。原子弹可以大量杀人，此乃自然真理。然人文真理中并无应该大量杀人之理。不得因科学界发明原子弹，遂认为杀人须大量杀，而奉之为人生真理之新发现，此理甚显。可见科学发现尽是真理，而非即人生真理。至少科学真理包括不尽人生真理，则无可疑难。

然则人类既不能无条件信仰宗教所建立之"体"，亦不能无条件运使科学所发现之"用"。故宗教、科学皆有真理，而不得谓其各得真理之全。

依次再言哲学。西方哲学，本意应译"爱智"。然理智仅占人类心知之一部分而非其全体，则仅由理智所获得之人生真理，亦属人生真理之一部分而非其全体可知。中国思想，尤其是儒家思想之最重要点，则在仁智兼尽。智属哲学范围，仁则不属于哲学范围。因智是理智，而仁则属于情感。尽可有主张以情感为重之哲学，而情感本身则不成为哲学。然情感纵非哲学，却不得谓非人生。毋宁谓其在人生界之重要，乃更甚于理智。人生真理应向人生求，不应向哲学求。则西方哲学之属于纯理智纯思辨者，仍不能得真理之全可知。即综合西方宗教、科学、哲学三系思想之大全，而仍不能得人类所欲探求之真理之全亦可知。

我们必明得此上所述，才可回头来认识中国思想对人类探究真理之独特贡献与其价值之应有分际。中国思想乃主就人生内在之普遍共同部分之真理而推扩融通及于宇宙界、自然界。故中国思想不能形成为宗教。若谓中国有宗教，此可谓之"人文教"。因其信仰中心仍在人文界，而不在宇宙界。人性善，人皆可以为尧、舜。此乃中国人文教之信仰中心。由此推扩融通到宇宙界，则尽性可以知天，尽己之性、尽人之性可以尽物性而赞天地之化育。尽物性赞化育，须有事于格物穷理，此已侵入科学范围。中国非无科学，然中国人之"格物穷理"，则仍主依随于人文中心之基点而出发，仍回复到人文中心所蕲向为归宿。虽不明白否认有一绝对超越人生而外在之自然真理，然就人文真理言，则必求此自然真理之与人文真理相会通、相合一，而始奉之为真理。故在西方，宗教与科学，为超越人生而自在之两对垒，在中国，则为紧贴人生而添上之两翅翼。在中国思想中，常抱天人交通、天人合一之观念。而此宗教之"天"与科学之"天"，在中国思想中亦可交流、可合一，而未见其有严格之划分与冲突。

中国人之探究人生内在真理，乃即就人生全体而如实以求。故情感、理智，自始即平等重视。毋宁于人情更重视。故人情、物理、天心，在中国思想中，常求能一以贯之，成为三位之一体。西方则以宗教识天心，科学研物理，哲学则仍侧重在天心、物理上而忽略了人情。如是则成为以个人面对外界，即面对宇宙之局面。其视人群亦如天地万物然。毋宁谓是识得天、识得物，乃始识得人。中国思想则其视人也特重，毋宁谓是识得人乃始可以识得天、识得物。在西方观点，其对此外界，见仁见智，或为宗教的，或为科学的。其转入哲学，则常为一种个人主义之二元论，其症结即在此。中国思想，则认为天地中有万物，万物中有人类，人类中有我。由我而言，我不啻为人类之中心，人类不啻为天地万物之中心。而我之与人群与物与天，则寻本而言，浑然一体，既非相对，亦非绝对。最大者在最外围，最小者占最中心。天地虽大，中心在我。然此决非个人主义。个人主义乃由分离个人与天、物、人群相对立而产生。然亦决非抹杀个人，因每一个人，皆各自成为天、物、人群之中心。个人乃包裹于天、物、人群之中，而为其运转之枢纽。中心虽小，却能运转得此大全体。再深入一层言之，则所谓中心者，实不能成一体，因其不能无四围而单有一中心之独立存在。故就体言，四围是实，中心是虚。就用言，四围运转，中心可以依然静定，中心运转，四围必随之而全体运转。此为中国思想之大道观。此所谓"道"，亦可说是中国人之宗教观，亦可说是中国人之自然科学观，亦即中国人之人生哲学。

中国古代思想中有较近似于西方之宗教者如墨子。天志要人爱，人不该不爱。天志要人兼爱，要人爱无差等，人便该兼爱，便该无分别、无差等底爱。宇宙中究有此天，天究有此志否，此属理智问题。须向外寻觅，向外探讨。在中国思想界反对墨子，则直截从人情上反对。人既不是天，人心亦究不是天志，强要把天志来压迫人心，人心不堪。我哪能把别人父亲真当作自己父亲看？宇宙中纵有此理，其奈人心之实无此情何？而且人情所求，亦实在须得一人间之爱。天之爱人，一律平等无差别相。为子者须得父爱，为妻者须得夫爱，若全没有了这些，而仅得一天爱，天爱仅可谓是一种理之爱，而非人情之爱，将仍为人情所不堪。故中国人虽亦崇敬墨子之人格，而到底不能接受墨子之理论与教诲。

中国古代思想中有较近似于西方之科学自然观者，如庄老道家。科学真理中无爱，自然现象中亦无爱。庄老言人生亦然。"鱼相忘于江湖"，"天地不仁，以万物为刍狗"。鱼类固无情乎？天地固不仁乎？此仍属理智问题，仍须向外寻索，向外研讨。但究竟人类相处，该不该如鱼之相忘，如天地之不仁，此则属诸人类之本身问题，毋宁更属于人类本身所自有之情感问题。中国人反对庄老，亦直截从人情上反对，谓其"知有天不知有人"。人便须有情。仁,人心也。人心有仁,便不必深论天心之仁与不仁。仁者爱人。我便该无失其本心。

依照中国人的思想态度,似乎太平易、太简单,便走不上西方哲学路子。西方哲学界总是要讲一个理,而此理还是该向外寻索,向外研讨。西方哲学界如不全依宗教、科学的路走,则必另走上一条名辨逻辑之路,由名辨逻辑的客观条例、客观律令来探求真理。然观念本从实际人生而有,名字亦从实际人生而起。而西方哲学界,则必教人先把此观念与名字从实际人生中抽离而独立,为之规定名义,确立界说。于是再从此许多有确定名义与界说之观念中曲折错综地引生出一套理论。结果这一套理论,却远离了实际人生而独立自在,如是始成为哲学。中国古代思想中也有近似此一派者,则如名家惠施。此种由名辨逻辑所得之真理,其可靠性究如何?依然仍得由名辨逻辑向外寻索。而中国思想界,则依然只直截从人心之平易处,即人情之实感处,来反对此派之言辨,谓其"足以服人之口,不足以服人之心"。西方哲学界偏重此种名辨逻辑者,则若谓你的口说既无法辨了,你心上便不该不服。这正因西方哲学乃纯理智、纯思辨的,哲学对象超越而外在,为纯客观的、无感情的。而因此中国思想遂亦终不能有像西方般的纯正哲学精神。

有些处,中国思想很近似于西方哲学中之理性主义,但有些处,又很近似于西方哲学中之经验主义。在西方哲学上,此两派自成一对立,但在中国则无此对立。有些处,中国思想很近于西方哲学中之唯心论，但也有些处又很近似于唯物论。在西方，唯心、唯物，又成一对立，在中国则仍无此对立。有些处，中国思想很近似于西方哲学中之个人主义，但有些处又很近似于集体主义与社会主义。在西方，此两派仍然有一对立，但在中国则仍然无此对立。故以西方哲学之规范来绳律中国、衡量中国，则中国思想实似太简单、太平易，还未发展成熟，不能剖析精微。在中国不像有严格纯正的哲学家与哲学思想。但尽可说中国无哲学，中国又何至于无思想呢？在人类思想中，可以有如西方般的哲学思想，却不能说西方哲学思想乃人类思想之唯一准绳，与唯一规矩！

有人说，中国思想无条理，无系统，无组织。其实只要真成为一种思想，便不会无条理，无系统，无组织。又有人说，中国思想无进展，无变化。此无异于说在中国，则只有某一时期人能思想，此外各时期的中国人，便不再能有思想，此亦属武断。若果中国人能继续有思想，便在其思想体系上不会无进展，不会无变化。又有人说中国思想定于一尊，无派别，无分歧。其实思想本身决然会生派别与分歧。即使定于一尊，但定于一尊之后，仍会有派别分歧。

若说中国思想，太平易，太简单，则试问如何在此平易简单之中，又能有条理，有组织，有系统，有进展，有变化，有派别，有分歧呢？只要它真能有条理，有组织，有系统，有进展变化，有派别分歧，则此种思想还是不平易，不简单。

我们该从中国思想之本身立场来求认识中国思想之内容，

来求中国思想本身所自有之条理组织系统，进展变化，与其派别之分歧。此始成为中国的思想史。我们不能说西方思想已获得了宇宙人生真理之大全，同样不能说中国思想对此宇宙人生之真理则全无所获；亦不能说中国思想对宇宙人生真理之所获，已全部包括在西方思想之所获之中。如是始可确定中国思想史在世界人类思想史中之地位与价值。

今天的世界问题，最主要者，还是一思想问题。在西方，宗教与科学，唯心与唯物，个人主义与社会主义，理性主义与经验主义，处处矛盾，处处冲突。但在中国思想史里，则并不见有此种矛盾与冲突之存在。今天的中国人，不认自己有思想，勉强要外面接受一思想，来在自己内部制造冲突。于是有所谓新旧思想之冲突。然试问今天的中国，果能真实认识了解中国之旧思想者又有几人？今天的中国思想界，又果何尝有所谓新旧之冲突？所谓冲突者，其实只是接受了西方思想一外貌。接受了西方思想外貌上所最易显见之一冲突性，而自求冲突。于是认为非冲突即是无思想，于是有"不革命即是反革命"之口号。颓波所趋，遂有今天之所谓"搞通思想"。其实彼辈所谓搞通思想者，骨子里即为反对思想。彼辈误认冲突矛盾为思想之本质。果如是，则思想搞通，即成不通。故革命完成之后，势必继之以清算。思想真搞通了，即成为无思想，于是将重造冲突，重求搞通。如是则搞通复搞通，清算复清算。永远是一个搞不通与算不清的不了之局，而民生憔悴亦将永无宁日。此无他，一则认为人生真理超越人生而外在，再则认为思想本身不能无冲突，无矛盾。遂以此超越人生以外的冲突与矛盾之真理观来强安之于实际人生中，来创造出实际人生中之冲突矛盾，以求符于其所谓之真理。若专就西方思想史之演变言，则亦未尝无一些客观事实可资为证成。但若回就中国思想史看，则殊不见得此种思想之现实性与必然性。故我认为研究中国思想史，不仅对于中国今天的思想界可得一反省，一启示。实于近代西方思想之冲突矛盾获不得解决处，可有一番意外之贡献与调和。至于我言信否，则请先平心静气地读完了我这一部《中国思想史》后再讨论！

一九五一年八月一日

例 言

一、本书限于篇幅,叙述古代思想由春秋中晚开始,更前的不再推溯。

二、每一时期各只提及主要的几家,每一家各只提及主要的几点。其余都略去了。因之此书只能提供出中国思想史里几个主要节目,并非中国思想史之全貌。

三、每一思想家之生卒年代及其师友渊源,生活出处,以及时代背景,均为研究思想史者必须注意之项目,但此书因限于篇幅,都略去了。

四、书籍之真伪及其著作年代必先经考核。如本书叙述老子思想在庄子后,叙述《中庸》《易·系辞》在孟、荀后,在本书作者均有极精密的考订,与极坚强的证据,但本书中全避涉及。

五、各家思想之内在精义,本书均未能详尽阐发,只求以简括透辟的语句，就扼要处约略指点，留待读者自己研寻。

六、本书所引各家原著，除极少例外，均未详细注明书名篇目，因此乃研治中国思想史者之普通常识，为节省篇幅计，均经略去。

七、本书作者以前各著作，与本书可互相阐发者，有（一）《国史大纲》，（二）《国学概论》，（三）《先秦诸子系年》，（四）《四书释义》，（五）《墨子》，（六）《惠施公孙龙》，（七）《庄老通辨》，（八）《阳明学述要》，（九）《中国近三百年学术史》及（十）《中国文化史导论》，（十一）《文化学大义》诸种。其未经集成专书之大量散篇论文，将来拟汇合为《中国学术思想史论丛》一书。本书大体，仅为上述诸书之赅括而综合的叙述。读此书者，希望能参考及上列诸书。

八、研治思想史，决不当不注意及通史与文化史。读此书者，尤希望至少能参考及拙著《国史大纲》及《中国文化史导论》之两种。

九、研治中国思想史，最好能旁通西方思想，始可探讨异同，比较短长。本书关于此点，仅能微引端绪，甚望读者勿轻易略过。

十、本书旨求简易通俗，各家思想之精深博大处，终不易于言下尽求速了。读者贵能细心玩索，明得一家是一家，明得一节是一节，明得一句是一句。若能反覆研玩，积累之久，自能有豁然贯之境。

十一、无思想之民族，决不能独立自存于世界之上。思想必有渊源，有生命。无渊源、无生命之思想，乃等于小儿学语，不得称之为思想。今天中国之思想界，正不幸像犯了一小儿学语之病。本书旨在指示出中国思想之深远的渊源，抉发出中国思想之真实的生命。学者由此窥入，明体可以达用，博古可以通今。庶乎使中国民族之将来，仍可自有思想，自觅出路。幸读此书者，切勿以知道一些旧公案，拾得一些旧话头，即为了事。

十二、本书成稿距今已二十多年。经作者再自阅读，有增添，有改定，与旧版稍有不同。幸读者注意。

一九七七年岁首识

一　思想和思想史

佛经上说："有生灭心，有相续心。"普通人心都是刹那起灭，一刻儿想这，一刻儿想那。很少能专注一对象、一问题，连续想下。相续心便成了思想。有些人能对一事实、一问题，穷年累月，不断注意思索，甚至有毕生竭精殚虑在某一问题上的，这些便成为思想家。但宇宙间，人生界，有几件大事，几个大问题，虽经一两个人穷老思索，也获不到结论，于是后人沿他思路，继续扩大继续深入，如是般想去，便成为思想史。有些注意这问题，有些注意那问题，有些注意问题之这一面，有些注意问题之那一面。注意对象不同，思路分歧，所得结果也不一致，这就形成思想史上的许多派别。

二　中国思想史

有文化、有历史的民族，必然能对宇宙人生中某几件大事、某几个问题，认真思索。经历了几百年乃至几千年的悠长岁月，其实也仅能说对宇宙人生中某几件事、某几个问题，有了他们一些意见，还待以后继续阐发、继续证成。这是某民族的思想史，也还该把别一民族之所思所得来比较对证。将来在全人类的思想史里，民族思想也只成为一派别。

中国民族有了四五千年以上的历史，究竟中国人在此四五千年历史文化遥长的演进中，对宇宙人生，曾想些什么？曾有些什么意见？我们是中国人，该知道一些才是。这些便是中国的思想史，无论如何，将来也必然成为世界人类思想史中之一派别。

三 春秋时代

太远的，在这样的小书里不讲了，让我们且从春秋讲起。

人类对宇宙、对人生，有一个最迫切最重大的问题，便是"生和死"的问题。这是凡能用思想的人首先会遇到的问题。这一问题，上接宇宙论，下接人生论，是宇宙、人生紧密接触、紧密联系着的问题。不仅是其他一切问题之开始，也将是其他一切问题之归宿。中国人对此问题，抱何意见呢？当然这有很远的渊源。但在春秋时代，中国人对此问题，已有很成熟的态度了。

让我举两人为例：一是郑国的子产，一是鲁国的叔孙豹。

四　子产

在鲁昭公七年，子产赴晋，晋赵景子问他：听说郑国常闹伯有鬼出现的事，伯有已死八年了，难道还能有鬼吗？子产道：能。

> 人生始化曰魄，既生魄，阳曰魂，用物精多则魂魄强，是以有精爽，至于神明。匹夫匹妇强死，其魂魄犹能冯依于人以为淫厉，况良霄^{伯有}三世执政柄，其用物也弘矣，其取精也多矣，其族又大，所冯厚矣，而强死，能为鬼，不亦宜乎？（《左传》昭公七年）

这是中国人对于死生鬼神一个传统的想法，在子产口里，明白地道出了。

首先我们该注意的是子产说"人生始化曰魄，既生魄，阳曰魂"那几句。中国人在那时，似乎已不信人生以前先有个灵魂，所以说人生始化曰"魄"，魄指形体。既生魄，阳曰"魂"，可见是有了肉体才有灵魂的。灵魂只是指此肉体之一切作用神气而言。这一观点，显然与世界人类思想史上其他几个文化民族，同时或先或后，对此问题的看法与想法截然不同。中国人在此时，已摆弃了灵魂观，对人生不作灵、肉分异的二元看法。因此中国在此后，对宗教，对哲学中之形而上学，都不能有很大发展。中国人用思想，似乎很早便不喜作深一层的揣测，而宁愿即就事物现象的表现上作一种如实的描写。这是中国心灵在宇宙观、人生观上之更近于近代的科学精神处。

"魄"是生理，"魂"是心理。人生以后，若在物质上、精神上处境好，使用厚，他的身体和心灵，便会比别人的强些，故说"用物精多则魂魄强"。心灵强的，他精神作用便精明精爽。^{爽即是明}精明之极，便成神灵了。^{神明犹今说神灵}可见"神明"在当时指生前言，不指死后言。

人到衰老而死，他的生理作用停止了，他的心理作用也完毕了。然则何以有鬼的呢？正为生理作用并未衰老，骤然横死，^{即强死}那时犹有余劲未歇，于是遂有鬼的现象。那些余劲，也不能历久不散，所以赵景子要问何以伯有死了八年之久还能有鬼出现呢？据子产的想法，这是可能的。因为伯有生前的魂魄蓄势太厚，所以死后余劲可以历久不散。然则某一人的心理作用，在其生前极伟大、极超特的，在其死后可以成

四　子产　5

为神明，也是理所当然。不是子产的思想，直到现在，我们还提到它吗？这是中国古代人对于鬼神的想法，直到现在，还成为中国一般人的观点。我们只举子产来作一代表。至于此一说法是否准确，只有待将来新科学之发现作考验。

子产惟其抱有这一见解，因此把人之生前和其死后的问题看轻了，而更看重在人之生命之实际过程中。换言之，即是更看重了人生论，而忽略了宇宙论。因此子产另有一句名言，他说：

天道远，人道迩。（《左传》昭公十八年）

中国人爱讲人道，不爱讲天道。爱讲切近的，不爱讲渺远的。非切实有据，中国人宁愿存而不论，这是中国人传统的思想态度和思想方法。

郑子产发表他对于讨论伯有鬼出现的一番话，正当孔子十七岁的青年时期，我们应该注意郑子产这番话对于此后孔子思想之影响。

其次要说的是鲁国的叔孙豹。

五　叔孙豹

人生问题中最大的，还是一个人死问题。人死问题便从人生论转入宇宙论，这已不属"人"而属"天"。死生之际，便是天人之际。人人都不愿有死，人人都想不朽、永生，逃避此死的一关，这是世界人类思想史上最古最早共同遇到、共同要想法解决的问题。叔孙穆子对此曾发表了他极名贵的三不朽论，直到现在，还成为中国人的传统信仰。

在鲁襄公二十四年，<small>在前引子产事前十四年。</small>鲁叔孙穆子如晋，晋范宣子问他："如何是不朽？"穆子未对，宣子说："我范家远祖经历虞、夏、商、周四代直到此刻，禄位未辍，是否算得不朽？"穆子说："那是家族的世禄，非人生的不朽。"

> 豹闻之，太上有立德，其次有立功，其次有立言，虽久不废，此之谓不朽。（《左传》襄公二十四年）

这一节对话，正可为上引子产的一节话作旁证。正因为那时的中国人，已不信人之生前和死后有一灵魂存在，故他们想象不朽，早不从"灵魂不灭"上打算。范宣子以家世传袭食禄不辍为不朽，叔孙穆子则以在社会人群中立德、立功、立言为不朽，只能不朽在此人生圈子之内，不能逃离此人生圈子，在另一世界中获得不朽。依照西方宗教观念，人该活在上帝的心里。依照中国思想，如叔孙穆子所启示，人该活在其他人的心里。立德、立功、立言，便使其人在后代人心里永远保存出现，这即是其人之复活，即是其人之不朽。因此中国人思想里，只有一个世界，即人生界，并没有两个世界，如西方人所想象，在宗教里有上帝和天堂，在哲学中之形上学里，有精神界或抽象的价值世界之存在。我们必须把握住中国古人相传的这一观点，我们才能了解此下中国思想史之特殊发展及其特殊成就。

叔孙穆子这一番话，正当孔子三岁的婴孩期，这对孔子思想，无疑的有很大的影响。

六　孔子

孔子生在春秋晚期,他是中国思想史上有最高领导地位的人。但孔子思想并非凭空突起,他还是承续春秋思想而来。

> 季路问事鬼神,子曰:"未能事人,焉能事鬼?"曰:"敢问死。"曰:"未知生,焉知死?"(《论语·先进》)

世界上一切宗教,似乎都想根据人死问题来解决人生问题,孔子则认为明白了人生问题,才能答覆人死问题。世界上一切宗教,都把奉事鬼神高举在奉事人生之上,孔子则认为须先懂得奉事人,才能讲到奉事鬼。这一态度,使孔子不能成一宗教主,也使中国思想史之将来,永远走不上宗教的道路。

> 樊迟问知,子曰:"务民之义,敬鬼神而远之,可谓

知矣。"(《论语·雍也》)

孔子的思想态度，全偏重在实际人生上，即所谓"务民之义"。而对宗教信仰，以及哲学形上学的玄想，牵涉到人之生前和死后，以及抽象超越的精神界，如鬼神问题等，则抱一种敬而远之的态度。

现在我们问：孔子对人生的理想是怎样的呢？

> 颜渊季路侍，子曰："盍各言尔志？"子路曰："愿车马，衣轻裘，与朋友共敝之而无憾。"颜渊曰："愿无伐善，无施劳。"子路曰："愿闻子之志。"子曰："老者安之，朋友信之，少者怀之。"(《论语·公冶长》)

这是当时孔门师弟子的人生理想，其实三人的理想是相同的。子路的话比较具体而粗浅，他愿把自己经济物质上的所有权之享受，供诸大众。他的车马衣裘，愿献给他的朋友来共同使用。而在他心上，没有丝毫感觉到可惜。颜渊的话深了一层，他不专从具体的经济物质上着想，他愿对人有善意，因而贡献出他的劳力，但在其内心觉得像全没有这会事，对人也如对己般。人哪会对他自己有善意，付出劳力，而感觉到对自己有德有功的呢？孔子的话，则较颜渊更深了一层。他不仅要在自己心上觉得没有这会事，更希望在别人心上亦不要觉得有这会事。你敬事老年人，要使老年人受之而安。你爱护幼年人，要使幼年人只觉得你可怀念。你和朋友处事，要使朋友完全信托你，把你当作他自己般信任。

其实这三人的人生理想是一般的。我们若不明白子路的心情，将更不明白得颜渊的。不明白颜渊的心情，将更不明白得孔子的。他们全希望人与人相处，不要存一人、我之见，更不要专在自私的功利上打算。若我们不存有一种自私的人、我之见之隔阂，若不专在个我的功利上打算，我们自能像子路，也自能像颜渊，于是才能学孔子。

孔子这一番的人生理想，并不要宗教信仰，说上帝的意思要我如此。也并不须一套曲折微妙的哲学理论，来说明这一番理想的背后，有如何深奥的，为普通常人所不易懂得的一种哲学根据。我们不是相信，人人的心理，都会喜欢像有子路、颜渊、孔子般待我的人吗？我们既喜欢别人如此般待我，我便该如此般待人。而且人人心中，也实在喜欢如此般待人的。因为人类的心情都是差不多的呀！但为什么人只想别人把这样的心情对待我，却不肯把自己这样的心情对待人呢？在这里，我们便可接触到当时孔子所要阐述的他对人生问题的大理论，最要的即孔子常常所讲之"仁"。

樊迟问仁，子曰："爱人。"（《论语·颜渊》）

孟子曰："仁者爱人。"又曰："仁者，人心也。"（《孟子·离娄》《告子》）

孔子所常讲的"仁",并没有什么深微奥妙处,只在有一颗爱人之心便是仁。而这颗爱人之心,却是人心所固有,所同有。换言之,这是人心之本质。若某一人的心里,从不觉得有希微对人之爱,那这一人的心,只可说是兽心,非人心。其实禽兽也还有爱同类之心呀!

父母爱其子女,子女爱其父母,便是人人有此一颗爱他心之明证。把这爱他心推扩,即是孔子之所谓"仁"。

有子曰:"孝弟也者,其为仁之本与?本立而道生。"
(《论语·学而》)

近代有人在怀疑,孝、慈是对等的,为什么孔门却偏多讲孝呢?这理由很简单。天下有不为父母、没有子女的人,却没有不为子女、没有父母的人。孔门讲道,为人人而讲,为全世界人类古今之全体量而讲。讲孝,人人有份。讲慈,便有人没有份。而且人必然先做子女才做父母。讲孝,尽了人生之全时期。父母死了,孝心还可存在。讲慈,则最多只占人生之半节。

上面说过,死生之际,便是天人之际。生属于人生界,死则属于宇宙界。父母死亡,子女孝心依然存在,常纪念到他的父母,如是则从现世人生过渡通接到过去的人生。只要子女孝心常在,自然感觉到父母生前一片慈心,也是依然常在,而且会永远继续常在,如是则从过去人生通过现世,而直达到未来的人生。如是则人生界已渗透进宇宙界而融为一体。这是一个在西方的思想史里，许多宗教家、哲学家，费尽心思，费尽说法，所要努力解决的问题，但孔子则只想指点出一种人类所共有的心情之自然流露，并在其实际的人生经验中来把此问题试予解答了。

"仁"既是人类的共有心情之自然流露，所以孔子说：

> 仁远乎哉？我欲仁，斯仁至矣。（《论语·述而》）
> 有能一日用其力于仁矣乎？我未见力不足者。（《论语·里仁》）

所以仁不仅是一条人人应由之道，而且是一件人人可能之事。但毕竟仁心仁道，还未能在此现实的人生界畅遂发皇，这又为什么呢？在孔子思想里，他认为这是为人类的一切个别的功利打算所掩蔽所错误了。所以：

> 子罕言利，与命，与仁。"与"是"赞成"义，如"我与点也"。（《论语·子罕》）

个别的利害计较，孔子是不太注重的。在孔子，宁愿赞成命的观念。外面环境之复杂，人事之变动，随时有不可逆测的偶然事件之发生，使我们对一切利害计较终于无准难凭，则何如回转念头，先从自己内心的情意上起算，不要先从外面事势的利害上较量呢？

"命"在孔子看来，是一个不必然的。我们若明白得外面有一不必然之命，自然肯回向自身那个必可然之仁了。所以孔子说：

> 不知命，无以为君子。（《论语·尧曰》）
> 子贡曰："如有博施于民而能济众，何如？可谓仁乎？"子曰："何事于仁，必也圣乎？尧、舜其犹病诸！夫仁者，己欲立而立人，己欲达而达人，能近取譬，可谓仁之方也已。"（《论语·雍也》）

仁者并不是不愿博施济众，然而这有待于外面一切的形势与条件，纵使像尧、舜般，掌握到人间最高的权力，也未必能充尽其量的博施与济众，这便是谓"命"。命限制了人的种种可能，却逼出人一条惟一可能之路，这一条路，则是尽人可能的，那便是所谓"仁"。"己欲立而立人，己欲达而达人"，只在我们心上之一念，外面一切条件束缚不得，一切形势转移不得。只有仁不在命之内。孔子把"命"字来阐述宇宙界，把"仁"字来安定人生界。尽在不可知之宇宙里，来建立必然而可能之人生理想。所以孔子说：

> 知者利仁，仁者安仁。（《论语·里仁》）

有大智慧的人，认清了宇宙不可必之命，自然感到人生内在必然而可能之仁，是人类理想中最有利的行径了。至于仁者：

> 求仁而得仁，又何怨？（《论语·述而》）

仁本来是人心自然的要求，他早已获得了他所要求的满足，又何所怨恨呢？孔子说他自己的心情：

> 不怨天，不尤人，下学而上达，知我者其天乎！（《论语·宪问》）

不知命，所以要怨天尤人。知命了，自能不怨天，不尤人。能近取譬，就在自己心情上，发现了人生大道，这是"下学"。使在此人生大道中，直透到不可知之大宇宙中的最高真理，这是"上达"。在一切不可必中间，却有一惟一可必的。这惟一可必的，虽操之在人，而还是原之于天。孔子"与命与仁"的主张，在此上就一以贯之了。孔子这一种见解，极平易，却还是极高深，所以孔子要说"知我者其天乎"。

> 子曰："志士仁人，无求生以害仁，有杀身以成仁。"（《论语·卫灵公》）

生属命，求生不可必得。仁属己，求仁绝对可能而必得。孔子的人生理想，坚决走归一线，这须"求仁之学"与"知命之学"配合，才能了解孔子这一态度。所以孔子说：

> 仁者静。（《论语·雍也》）

又说：

> 仁者不忧。（《论语·子罕》）

这都从知命精神来。惟其孔子看重知命之学，所以：

> 子绝四：毋意，毋必，毋固，毋我。（《论语·子罕》）

不知命，便不免要臆测，要期必，要执滞，要私己。这些不可必得而害仁。绝此四端，才能安命，才能成仁。

> 子不语，怪力乱神。（《论语·述而》）

力与乱，想把自己来打破外面之不可必。怪与神，是希望在外面不可必中忽然跑出一个可能来。孔子知命，因此不说到这些。孔子思想，在这一态度下，使他也忽略了像近代西方对自然科学之探讨的一面。西方人的宗教、哲学与科学，都是向外寻索，孔子思想则是把握到自己内心之必然可能，与尽人可得之一面，而因此在宗教、哲学与科学之三方面，皆照顾不及了。

孔子论"仁",指的是人心内部之情意与态度,此种情意与态度,如何求其表达到外面实际的人生界而恰到好处呢?于是孔子才又注重到"礼"。

> 颜渊问仁,子曰:"克己复礼为仁。一日克己复礼,天下归仁焉。为仁由己而由人乎哉?"颜渊曰:"请问其目。"子曰:"非礼勿视,非礼勿听,非礼勿言,非礼勿动。"颜渊曰:"回虽不敏,请事斯语矣。"(《论语·颜渊》)

在知识上,必须"知命"才能求仁。在行为上,必须"复礼"才能为仁。礼是人生相处之种种节限。人往往为个己求利的目的而逾越了此种节限。但逾越此节限,未必就是利。所以孔子曰:

> 不知命,无以为君子。不知礼,无以立。(《论语·尧曰》)

"礼"在仁与命之交界处。在最先,礼本从人与天、人与神、人与鬼的接触兴起,那是一种宗教仪式,是人生界与宇宙界感通的一条路程。但若人类内心没有一种积极蕲向的仁,便无从有这许多礼。孔子只为把此礼之意、礼之内心、礼之所由起之一关参透了,又把礼的精义转移扩大到人生界,教人在人生相与中,明白得有一条彼我相交接,而又为彼我所不得逾越之一线，此即孔门儒家之所谓"礼"。孔子教人，回过头来尽其在我，只在我的一边用力。设若只想要冲破这一线，自己一面的必然而可能的反而懈弃了，而线那边之不可必得的却依然不可必得，那是不仁无礼，而同时也未必有利的。

在中国思想里，好像很少注重到自由。其实孔子说"克己"，<small>克，克也，胜也。把自己私的一面克去，莫要让它放肆，是克己。</small>"由己"，<small>克己便兼顾到人，但实行只在己一面，是由己。</small>即就是自由。孔子认为人生只能有有节限的自由。"命"与"礼"是节限，"仁"是自由。为仁是全由自己的，仁是尽人可能而必然可得的，只要把自己先安顿在此节限之内。而此种节限，亦是先照顾到人的一边而始存在的。人生在宇宙间的节制是"命"，个人在人生中的节限是"礼"，个人在人生与宇宙中的尽量的自由是"仁"。

人在节限中获得其尽量之自由，这是一种乐。故孔子言礼必连言乐。人须认识得此节限是智，故孔子言仁必连言智。西方思想偏向外，所以更喜言智与乐；中国思想偏向内，所以孔子更喜言仁与礼。

死生之际之推扩，便是天人之际。孔门言仁必言孝，言礼则必言葬与祭。葬与祭是活人对死人的交道。活人对死人打交道，是绝对无功可图的。绝不图功利，才是人情之醇化，才见其为仁。中国古语说："一死一生，乃见交情。"葬与祭是死生之际的交情，那才见其为真交情，才是绝不从功利起见之真交情。所以说：

生事之以礼，死葬之以礼。（《论语·为政》）

慎终追远，民德归厚矣。（《论语·学而》）

民德之厚始见仁。

我们若把孔子思想和上述子产、叔孙穆子相比，显见已有了绝大的进展。子产、叔孙穆子是智者分上事，孔子是仁者分上事。"仁"的观念，由孔子特别提出，那是中国思想史里最中心、最主要的一观念。子产要探索到鬼神之由来及其情状，孔子则只就人之内心之情感方面着想，更不必深究鬼神之情状。死生之际，天人之际，也如人与人相交般，只要自尽我心，自竭我情。叔孙穆子尚顾念到人生之如何不朽，孔子似乎不再注重这一节，只要自尽我心，自竭我情，求仁而得仁，在我已当下圆满，至于立德、立功、立言而使得后世人不忘，此是后世事，非我事。我只尽其在我，得其在我，有生必有死，死后是否能不朽，那是天与命的范围，在孔子也所不问了。

七　战国时代

战国时代，是中国思想史里极光明灿烂的时代。因为有了孔子，遂开出战国思想之繁花，结成战国思想之美果。战国思想，有些在反对孔子，有些在阐扬孔子，我们将依次叙述。

八　墨子

紧接着孔子而来，极端反对孔子的，是墨子。

孔子讲仁，墨子讲"兼爱"。"兼爱"之反面是"别爱"。墨子认为儒家言仁，虽说是一种博爱，而此种爱仍是有分别的。爱自己的父母，必胜过爱别人之父母。爱自己的家庭，必胜过爱别人之家庭。爱自己之国，必胜过爱别人之国。如是则国与国相争，家与家相竞，人与人相别。不必个人主义才始产生人类之自私自利。儒家言仁，也将助长人类之自私与自利。故墨子主张兼爱，此是一种无分别之爱。故墨子主张：

> 视人之父若其父。

"老吾老以及人之老"是别爱，这是一种有差等的爱。"视人之父若其父"，才始是兼爱，是平等爱。但别人的父母，不是和自己的父母显然有分别么？墨子又如何教人"视人之父若其父"呢？在墨子之意，若从人生界看，固见人生有差别相，若从宇宙界看，则人生将只见平等相。因此墨子又提出"天志"的观点来，作为他兼爱理论之张本。他说：

天兼天下而爱之。(《墨子·天志中》)

何以呢？

天兼天下而食焉，我以此知其兼爱天下之人也。(《墨子·天志下》)

天既把人类平等看，而人类自偏要相互差别看，所以墨子说：

今天下之士君子，知小而不知大。(《墨子·天志上》)

孔子是把人的立场、人的标准来讲人道，所以主张仁。墨子则从天的立场、天的标准来讲人道，所以主张兼爱。换言之，孔子从人生界立论，墨子却改从宇宙界立论。

主张兼爱，一切平等，视人之父若其父，便不该有礼，礼正代表着一种人与人间之差别。在墨子看来，礼是人类生活中的一种奢侈，尤其是儒家主张的葬祭之礼，剥夺活人的生活资料来供奉死人，这不是奢侈吗？所以墨子一面虽主张

"明鬼",主张:

> 上尊天,中事鬼神,下爱人。<small>墨子因主张有天,所以亦主张有鬼。</small>(《墨子·天志上》)

但又提倡节葬。他说:

> 古者圣王制为节葬之法,曰:衣三领足以朽肉,棺三寸足以朽骸,堀穴深不通于泉流,不发泄则止。死者既葬,生者毋久丧用哀。(《墨子·节用中》)

墨子主张节葬的用意在节用。墨子站在"节用"的观点上来非礼、非乐。墨子要人"视人之父若己之父",其实则做到"视己之父若人之父"了。墨子主张爱要平等无差别,但为实际上外面的经济物质条件所限,亦为内面的自己心情之能量所限,不能平等加厚,则只有平等减薄。不能厚待别人父亲像自己父亲般,则只有薄待自己父亲像别人父亲般。换言之,则是不当他自己父亲看,只当他像别人父亲看。所以孟子说:

> 墨氏兼爱,是无父也。(《孟子·滕文公》)

"无父"是指斥他的无差别相,即是墨子理想中的平等境界。

但墨子并非空发此论,墨子实在能躬行实践。庄子说墨子:

> 使后世之墨者,多以裘褐为衣,以跂蹻为服,日夜不休,以自苦为极。(《庄子·天下》)

可见墨子精神,不仅在减薄自己父亲的待遇,也减薄了自己的待遇。他不能让人平等过高水准的生活,便只有先教人平等过低水准的生活。他以身作则地教人来过一种最低标准的人生,即是日夜不休以自苦为极的人生。但这哪里是人生理想呢?不是以爱人之名,而转近于不爱人之实吗?墨子道:不!

> 昔者禹之湮洪水,决江河,而通四夷九州也,名山三百,支川三千,小者无数。禹亲自操橐耜而九杂天下之川,腓无胈,胫无毛,沐甚风,栉疾雨,置万国。禹大圣也,而形劳天下也如此。(《庄子·天下》)

禹不是大家所崇拜的大圣人么?禹之治洪水,不是为兼爱天下之众的么?禹如此般的形劳吃苦,这该即是我们人类理想的生活标准。所以说:

> 不能如此,非禹之道也,不足谓墨。(《庄子·天下》)

但后来庄子批评他说：

> 其生也勤，其死也薄，其道大觳。使人忧，使人悲，其行难为也，恐不可以为圣人之道。反天下之心，天下不堪。墨子虽能独任，奈天下何？离于天下，其去王也远矣。（《庄子·天下》）

这是说：墨子虽存心为天下人着想，但天下人之心，却不能接受墨子那般的想法呀！

近代有人说，墨学很像耶教，但墨子从未想象到人生世界以外的另一个人生，他从未提供到死后的天堂与乐园来作现世人生之补偿。他刻苦了人生，没有鼓舞着人死。在这上，墨子依然在东方思想里，他只能做东方一圣人，不配做西方一教主。

九　杨朱

紧接着墨子的有杨朱。墨子极端反对孔子，杨朱却又极端反对墨子。墨子讲"兼爱"，杨朱则讲"为我"。孟子说他：

拔一毛而利天下，不为。（《孟子·尽心》）

可惜杨朱思想的详细记载失传了，使我们无法详述。想来墨子主张兼爱，要人效法天帝的意志，但人类本身既非天非帝，自然无从效法天帝，于是反激出杨朱。他认为人只是人，我只是我，只求人人自爱，各自为我，则世界自治，天下自平。谁也用不着管谁，谁也用不着爱谁。"兼爱"之极，要视人父若其父。"为我"之极，便要不肯为天下拔自己身上一根毛。墨子虽主张兼爱人，但却干涉人，要人都以自苦为极。杨朱虽不主张对人爱，却亦不干涉人，让人各自为我，各自自爱。

墨子连自己和自己的父母都不许爱,只要你爱天下之大众。他说:"你兼爱天下,即你自身和你父亲也连带在内了。"杨朱则只奖励人自爱,连身上一根毛都爱,认为人人能如此,便不烦再互相爱了。当时墨子之说极盛行,连带杨朱学说也极盛行。孟子说:

> 杨朱、墨翟之言盈天下。天下之言不归杨则归墨。杨氏为我,是无君也。墨氏兼爱,是无父也。无父无君,是禽兽也。(《孟子·滕文公》)

这是说依随墨子思想,将破毁家庭。依随杨朱思想,将破毁政治。无论破毁哪一端,都将破毁群道。群道破毁,则人将与禽兽无别。他又说:

> 杨、墨之道不息,孔子之道不著。能言距杨、墨者,圣人之徒也。(《孟子·滕文公》)

从孟子言下,可见当时杨、墨思想之风靡一世。

一〇 孟子

紧接着杨、墨，又来了孟子，他反对杨、墨，重复回归到孔子。孟子思想的新贡献，在他的"性善"论。孟子说：

> 人之所不学而能者，其良能也。所不虑而知者，其良知也。孩提之童，无不知爱其亲也。及其长也，无不知敬其兄也。亲亲，仁也。敬长，义也。无他，达之天下也。（《孟子·尽心》）

"爱"与"敬"是人心所固有，所同有。从爱生"仁"，从敬生"义"。只要把仁与义推扩到全人生，人生问题也没有不能解决的。爱与敬便是孟子之所谓"善"。

但孟子并未说人心所固有同有者全是善，孟子只说善亦从人心所固有同有中出。什么是善呢？孟子说：

可欲之谓善。(《孟子·尽心》)

人心之所同然者之谓善。

> 心之所同然者何也？谓理也，义也。圣人先得我心之所同然耳。故理义之悦我心，犹刍豢之悦我口。(《孟子·告子》)

此项人心之所同以为然而觉得可欲者，又为尽人内在所皆有。

> 恻隐之心，人皆有之。羞恶之心，人皆有之。恭敬之心，人皆有之。是非之心，人皆有之。恻隐之心，仁也。羞恶之心，义也。恭敬之心，礼也。是非之心，智也。仁义礼智，非由外铄我也，我固有之也。(《孟子·告子》)

故一切善皆从人心中来，皆从人心中自然演出。不必像墨翟、杨朱般，另提出一个高深的理论来教人所难能，只就人心所同以为然，所大家喜欢，而又大家能之的，来提醒指点便是。这正合孔子所主仁、智兼尽的理想。孟子尝从其想象中描绘出由人心中自然演出善来之一个具体例证。他说：

> 盖上世尝有不葬其亲者，其亲死，则举而委之于壑。他日过之，狐狸食之，蝇蚋姑嘬之，其颡有泚，睨而不视。

夫泚也,非为人泚,中心达于面目。盖归反蘽梩而掩之。掩之,诚是也。则孝子仁人之掩其亲,亦必有道矣。(《孟子·滕文公》)

本来人并不懂有葬亲之礼,父母死则弃之坑谷。孟子设想,有一天,有一人偶经坑谷,见他父母亲的死尸,正为狐狸所食,为一群蝇蚋攒聚而噆,他忽然心中觉得难过,额上泚泚然出了好些汗。那些汗,在他额上泚出,当知并不是为什么礼教束缚,那时还没有圣人在教仁教孝,定礼作制,强要人葬其死亲。那些汗,全是此人良心发现,直从他心脏跳动,而引致他额上的那些汗来。于是那人才归到他住处,拿些笼插之属,来把他死亲尸体埋了,这便是仁,便是孝,便是葬礼之所由起。

我们可以根据孟子那番想象继续推演。让我们想,那人掩埋了他死亲之尸,以后他自会把他那番经历告诉给别人。别人听了,自会猛忆起自己也有死亲扔弃在野,他们也自会激发同情,赶快把他们以前扔弃的死亲之尸掩埋。如此一传十,十传百,葬礼遂成为一种风俗。那首先第一人,埋其死亲的,便是个"圣人",便是先得了"人心之所同然",葬礼便是一件"可欲"的事。人类社会的一切善,都是像此般演出。所以孟子说:

舜之居深山之中,与木石居,与鹿豕游,其所以异于深山之野人者几希。及其闻一善言,见一善行,若决江河,沛然莫之能御。(《孟子·尽心》)

舜是中国史上上古一圣人，在舜以前，中国并没有许多圣人，制定许多礼教，发挥出许多道德理论，舜何以凭空能成为一圣人的呢？只为善是人心中所固有，所同有。在舜以前，有许多善，早就在他人心中发芽抽条。舜的心，比较别人更开敞，更松灵，别人心里的善种，飘落到他的心田，便会生根滋长。不！这犹如电流交感，舜的心灵中本亦有善种，一经外面之呼唤而觉醒了。孟子又引伊尹一番话说：

> 天之生此民也，使先知觉后知，使先觉觉后觉。予，天民之先觉者也，予，将以斯道觉斯民也。（《孟子·万章》）

人心皆有善，只"觉"有先后。此种觉由微而著，由小而大。舜并不完全是先觉。孟子说：

> 大舜有大焉，善与人同，舍己从人，乐取于人以为善。（《孟子·公孙丑》）

舜之善的知识，有许多还是从别人心中来。还是由别人之善感发而兴起。大舜之大，正在其能"取人之善以为善"。人心有同然，舜之舍己从人，是舍己之未与人同的，而改取了其与人相同的。如是则舜也还是个后觉。如是则人类中最早第一个先觉究是谁呢？这在人类文化历史上是无名可指的。真个先觉者，只好说是人之"心"。换言之，这是人之"性"。

孟子又说：

> 尧、舜，性者也。汤、武，反之也。(《孟子·尽心》)

又说：

> 尧、舜，性之也。汤、武，身之也。(《孟子·尽心》)

因为历史茫昧，积微成著。远古之善，尚是微而未著，难以确指。尧、舜是上古之圣人，好像尧、舜之善，尧、舜之为大圣，是前所未有，是纯由其天性之自发。故曰"尧、舜性之"。汤、武则是中古之圣人，汤、武以前已有尧、舜，汤、武闻尧、舜之善言，见尧、舜之善行，反之于身，而诚见其可欲，而感到乐莫大焉，故说汤、武是"反之"，是"身之"的。孟子曰：

> 万物皆备于我矣，反身而诚，乐莫大焉。(《孟子·尽心》)

物即指人生品德之一切标准而言，凡属人生界一切公认为善与德之标准，其实皆从人心中来，因此在我莫不备有。我们若反身体认，觉得别人所提倡、所公认的这许多善与德之标准，皆是恰如我心之所欲，又恰为我心之所有。如是，我便感到内外如一，外面一切善与德，便恰如我的心般，真实不虚，此即所谓"反身而诚"，那岂有不大乐的呢？所以善与德之在人生界，自然会由微且著，正如水流归海，行乎其所自然，"行其所无事"，沛然若决江河了。

> 告子曰："性犹湍水也，决诸东方则东流，决诸西方则西流，人性之无分于善不善也，犹水之无分于东西也。"
> 孟子曰："水信无分于东西，无分于上下乎？人性之善也，犹水之就下也。人无有不善，水无有不下。今夫水，搏而跃之，可使过颡。激而行之，可使在山。是岂水之性哉？其势则然也。人之可使为不善，其性亦犹是也。"（《孟子·告子》）

这是孟子就人性之倾向言。孟子未尝不知人性也可使为不善，但就人类文化历史演进之大趋势看，从人之内心之真实要求看，我们不能不承认人性在向善的一边发展。只有向善的一边发展是更属自然的。所以孟子说：

> 乃若其情，则可以为善矣，乃所谓善也。（《孟子·告子》）

我们尽可说人性开始并不善，但到底终不能说人性是不能为善呀！人性可为善，也可为恶，但就人类历史文化之长程大趋势而言，人性之向善是更自然的。此即孟子性善论的根据。人性之趋恶，是外面的"势"。人性之向善，则是其内在之"情"。

> 孟子道性善，言必称尧、舜。(《孟子·滕文公》)

他说：

> 凡同类者举相似也，何独至于人而疑之？圣人与我同类者。(《孟子·告子》)

他又引颜渊曰：

> 舜何人也，予何人也，有为者亦若是。(《孟子·滕文公》)

我们若承认圣人有善有德，便不该不承认人人皆可有善有德。因为圣人不是天，不是上帝，他还是同样的一个人呀！所以说：

> 人皆可以为尧、舜。(《孟子·告子》)

此是主张性善论者所必有之结论。除非我们信仰人类根本不能有善与德，善与德只在上帝身边，如西方宗教之所说，否则孟子的性善论，实在有它颠扑不破之真理。

然而孟子也只说"人皆可以为尧、舜"，"乃若其情则可以为善"，孟子并未说天地生人全都是尧、舜，人性全都是善。孟子只说可以为善，还得要我们自肯有为。故孟子说：

> 君子所以异于人者，以其存心也。君子以仁存心，以礼存心。仁者爱人，有礼者敬人。爱人者人恒爱之，敬人者人恒敬之。有人于此，其待我以横逆，则君子必自反也，我必不仁也，必无礼也，此物奚宜至哉？其自反而仁矣，自反而有礼矣，其横逆犹是也，君子必自反也，我必不忠。自反而忠矣，其横逆犹是也，君子曰："此亦妄人也已矣，如此则与禽兽奚择哉？于禽兽又何难焉。"
> （《孟子·离娄》）

可见孟子也承认人类中依然有"与禽兽奚择"的。只是君子不在这些上计较。君子只注意人类全体之大趋势。君子只认定我自己该如何做。孟子又说：

> 生，亦我所欲也，义，亦我所欲也。二者不可得兼，舍生而取义者也。（《孟子·告子》）

可见孟子又还承认人生界也有时要迫得我们不得不"舍生取义"的。但我们却为何定要舍生取义呢？在这里，可见儒家虽非宗教，而实带有一种宗教的精神。而且这是宗教中一种最高的精神。我们也可说，儒家是一种人文宗教，"人性善"是他们最高的宗教信仰，"杀身成仁"与"舍生取义"，是他们最高的宗教精神。所以孟子说：

待文王而后兴者，凡民也。若夫豪杰之士，虽无文王犹兴。(《孟子·尽心》)

待天下太平了，我再做个善人，那是凡民皆能的。在乱世，还肯奋发向善，而且肯牺牲生命来向善，那只有希望少数豪杰之士了。

一一　庄子

与孟子略同时，又有庄子。庄子思想，既不偏孔、孟一边，也不偏杨、墨一边，又另有他的自己的一套。

孔、孟、杨、墨，其实全都偏在人生界，庄子思想却能更多注意到宇宙界。他常纵任他想象之所能及，来渲染此宇宙之无限。空间无限，时间无限，由此对比，显映出人生界之渺小与短暂，人生之有限。有限的人生，如何能了解得无限之宇宙？而人生则正安放在此宇宙中。我们既不知自己那个安放处，自难把自己安放好，由此庄子遂提出他许多对智识论上的问题来。他说：

> 知人之所为也，以其知之所知以养其知之所不知，是知之盛也。（《庄子·大宗师》）

人生有限，因此知识也有限。人应该自知此有限，自安于此有限，慎勿把有限的"知"来侵犯妨害到此有限外之无限的"不知"。这是人类知识最高的可能，亦是人类知识所最应有的警觉。人若强不知以为知，要试图侵越此知之限界，则横在人生前面的只是一个危殆。庄子说：

> 吾生也有涯，而知也无涯。以有涯随无涯，殆已。已_{此"已"字作"如此"解。}而为知者，殆而已矣。（《庄子·养生主》）

现在且说庄子所指出的人类知识之两大限界。第一是"死与生"，这是时间上的限界。庄子说：

> 予恶乎知说生之非惑邪？予恶乎知恶死之非弱丧而不知归者邪？予恶乎知夫死者不悔其始之蕲生乎？（《庄子·齐物论》）

生人不知死事，此是智识上之第一限界。第二是"物与我"，这是空间上的限界。庄子说：

> 民湿寝则腰疾偏死，鳅然乎哉？木处则惴慄恂惧，猨猴然乎哉？三者孰知正处？民食刍豢，麋鹿食荐，蝍且甘带，鸱鸦耆鼠，四者孰知正味？猨，猵狙以为雌，麋与鹿交，鳅与鱼游。毛嫱、丽姬，人之所美也，鱼见

之深入，鸟见之高飞，麋鹿见之决骤。四者孰知天下之正色哉？（《庄子·齐物论》）

在时间上，这一时不知那一时。在空间上，这一处不知那一处。我不能真切知道非我之物与彼，此是智识上第二限界。庄子说：

> 庸讵知吾所谓知之非不知邪？庸讵知吾所谓不知之非知邪？（《庄子·齐物论》）

我们在此时此处之所谓"知"，在别时别处，或许将转成为"不知"。人类知识既不足凭，其由知识所连带引起的"好恶"之情，以及"是非"之见，将更不足凭。

死生与物我，智识上此时空之两大限界，庄子归纳称之曰"彼是"。庄子说：

> 物无非彼，物无非是。自彼则不见，自知则知之。故曰：彼出于是，是亦因彼。彼是，方生之说也。"方生"是同时并起义。虽然，方生方死，方死方生。方可方不可，方不可方可。因是因非，因非因是。（《庄子·齐物论》）

人生根本不能脱离时空之有限性。在此时空限界之这一边的是我与生，庄子称之曰"是"。此时与此处。在此时空限界之那一边的，是物与死，庄子称之曰"彼"。他时与他处。因此有"是"必有"彼"，

一一 庄子　39

有"彼"必有"是"。"彼""是"同时并起，而且平等存在。在此则此曰是，在彼则彼曰是。"彼""是"双方又可以对等互易。但人之情感知识，常见此为是而可好，彼为非而可恶。其实此非与恶之情见，早已侵越了知之界限而闯进我们所不可知之对面去。我们对知识限界之那一面，既本无所知，又何从认其为非而可恶呢？此种错误，是只知依照着人生界而起。人类每每喜欢把人生界来推概宇宙界，喜欢把有限来推概无限。此即庄子之所谓"以有涯随无涯"了。我们若能改就无限的立场，依照宇宙界，则根本将无此分别，无此限界。但宇宙中既确有此人生界，而我们又确然存在于此人生界之内，我们便不能不在人生界中承认有这一面。（即我与生，即此时与此处。）但我们也该从宇宙界的立场来同时承认有那一面。（即物与死，即彼时与彼处。）如是则将见在无限界中之有限界，变成无处无时不是，抑且无处无时不可好。庄子说：

是以圣人不由，（即不由专就人生界之立场来看外面一切。）而照之于天，（即改就宇宙界立场看。）亦因是也。（《庄子·齐物论》）

若由纯乎天的立场，即宇宙界的立场，则根本无"彼""是"之分。现在是站在人生界中而同时采用宇宙界的立场，则此人生界将无时不是一是，无处不是一是。故庄子说"亦因是也"。纯乎人生界的知识范畴，是因乎"是"而有"非"，因乎"非"而有"是"。纯乎宇宙立场，则并无是非之分。现在是把人生界妥当安放在宇宙界里，则可以各有其所是，而不必各有其所非。此亦是一种"因是"，但与"因是因非"之"因是"不同。一面是因有所是而有非，因有所非而有是，此则只因其所是而不再有所非。如是则一切皆"是"，更无有"非"。故庄子说：

> 物固有所然，物固有所可。无物不然，无物不可。恢恑憰怪，道通为一。其分也成也，其成也毁也。凡物无成与毁，复通为一。通也者得也，适得而几矣。因是已。

（《庄子·齐物论》）

人生界有得必有失，有是必有非，有好即有恶，其实是误在其有所知即有所不知上。庄子的理想人生，是只有得而更无所失。此种得，乃人生界从宇宙界中之所得。庄子称之为"适得"，"适得"是一种无心于得之得。并不是先有所好、所是后之得，而是偶然适得，所得的便是"是"。"因是已"，是即此而止，即其所适得而止。不再从所得侵越到其所未得，而横生一种好恶是非之妄见。所得为"生"，"生"即是一是，却不就此认"死"即是非。所得为"我"，"我"即是一是，却不就此认"物"即是非。因死生物我，同样在此宇宙界中，同样是一天。这一种境界，庄子称之为：

> 天与人不相胜，是之谓真人。（《庄子·大宗师》）

若站在纯宇宙的立场，而克灭了人生界，则将一无所得，一无所是。现在是仅有得而无失，仅有是而无非。一人如此，人人如此，一物如此，物物如此，宇宙之极无，转变成人生之极有。庄子说：

> 彼是莫得其偶，谓之道枢。枢始得其环中，以应无穷。
> （《庄子·齐物论》）

宇宙是无限的，所以每一个"是"，_{即每一个此时与此处。}莫非站在此大无限之中心。一切皆站在此大无限之中心，即一切平等，而非一切相对。"环中"是无相对的，因他是个中心。但亦非绝对的，因他只是个中心。人生界是有限的，有限不能应无穷。宇宙界是绝对的，绝对亦不能应无穷。这是把此有限安放在无限之中心，既无相对，又非绝对，才能"应无穷"。一切皆中心，一切是无穷。故庄子说：

> 是以圣人和之以是非而休乎天钧，是之谓两行。（《庄子·齐物论》）

"钧"是钧陶的钧。陶人模下那个圆转的物是"钧"。天地间一切现象，转动不居，都赖有一中心。而天地间一切物，却全是一中心。我们不了解，总想把自己作中心。自己诚然是一中心，但不该只承认此一中心来抹杀其他一切中心。但也不必因天地间另有其他许多中心而抹杀了自己此一中心。这便是庄子之所谓"两行"。"两"即是"彼""是"之两,"两行"不是两两相对。两两相对,免不了矛盾与冲突。此"两"是一中心、一外围,却可圆转自如。天地间一切物,各是一中心,各有一外围,各各可以圆转自如。庄子之所谓"两行",正是《中庸》所谓"万物并育而不相害,道并行而不相悖"的意思。

庄子既主"因是"与"两行",故又主张"无适"。他说:

> 无适焉,因是已。(《庄子·齐物论》)

"适"是由此往彼之义。现在则无所往而不是一中心,因此不必有所往,即是"无适"。"无适"则此此止于此,彼彼止于彼,彼是两行,各止其所,庄子又称之为"约分"。庄子曰:

> 道人不闻,至德不得,大人无己,约分之至也。(《庄子·秋水》)

"分"是分际限界。每一有限,都有其分际限界。庄子的人生理想,要人各自约限于自己分际之内,不必再有所向往。但此一分际,约之又约,便只成了此时与此处,一时空之交点。此一时空交点,根本无常,根本变动不居。庄子亦说:

> 物量无穷,时无止,分无常,终始无故。(《庄子·秋水》)

一一 庄子 43

时行无止息，终始无故态，物量无穷，其所得分际亦无常，此四语，道出了整个宇宙中一切现象之不居常态。庄子要人把自己约限于其本有分际之内，而此一本有分际恰又变动不常，由此才可进一步讲到庄子之另一观点，即庄子之所谓"化"。庄子自己说：

> 昔者庄周梦为胡蝶，栩栩然胡蝶也，自喻适志与！不知周也。俄然觉，则蘧蘧然周也。不知周之梦为胡蝶与？胡蝶之梦为周与？周与胡蝶，则必有分矣，此之谓物化。（《庄子·齐物论》）

庄周与胡蝶必有分，但为庄周时便是庄周，为胡蝶时便是胡蝶，各因其是，各约于其所得之分之内，各不相适，岂不甚好？现在必问是庄周变了胡蝶，<small>如是则庄周是而胡蝶非，庄周侵入了胡蝶分内。</small>还是胡蝶变了庄周，<small>如是则胡蝶是而庄周非，胡蝶侵入了庄周分内。</small>宜乎是非好恶，纷然而起，昧然而无所定了。这些都是不知化。庄周说：

> 物之生也，若骤若驰，无动而不变，无时而不移。何为乎？何不为乎？夫固将自化。（《庄子·秋水》）

化根本是不由人主宰的。庄子的理想人生，则在"与化为人"。"与化为人"者，化是宇宙界，是人生外面之大环，在此大环中得安放，便是"与化为人"。人生之大患，在只认此有限之人生，而不认此无限之大化。在只认此有限人生之中心，而不认此无限大化之外环。如是便不是"与化为人"。

庄子言"化"，又言"气"。宇宙界只是此一气在化。他说：

通天下一气耳。(《庄子·知北游》)

物我彼是，皆在此一气之化中。庄子的理想人生，则在：

与造物者为人，而游乎天地之一气。(《庄子·大宗师》)

与造物者为人，便是"与化为人"。游乎天地之一气，便是：

止乎无所化。(《庄子·达生》)

便是：

游于物之所不得遁而皆存。(《庄子·大宗师》)

万物之化，终不出此一气。所以自万物言，则在日化之中。自此一气言，则无所化。故惟：

日与物化者，一不化者也。(《庄子·则阳》)

人之形骸日在化之中，人能游于不化，则是"游于形骸之外"。由是我们可以再进一步说到庄子之又一观点，此即庄子之所谓"神"。

《庄子》书中之神，实非鬼神之神，而乃一"与化为人"之人。他引肩吾问连叔的一段话说：

> 藐姑射之山，有神人居焉，肌肤若冰雪，淖约若处子，不食五谷，吸风饮露，乘云气，御飞龙，而游乎四海之外。其神凝，使物不疵疠而年谷熟。（《庄子·逍遥游》）

怎么能有这样的神人的呢？庄子在另一处引子列子、关尹子的问答说：

> 子列子问关尹曰："至人潜行不窒，蹈火不热，行乎万物之上而不栗，请问何以至于此？"关尹曰："是纯气之守也。凡有貌象声色者，皆物也。物之造乎不形，而止乎无所化，夫得是而穷之者，物焉得而止焉？彼将游乎万物之所终始，壹其性，养其气，合其德，以通乎物之所造。夫若是者，其天守全，其神无郤，物奚自入焉。夫醉者之坠车，虽疾不死，骨节与人同，而犯害与人异，其神全也。乘亦不知也，坠亦不知也，死生惊惧，不入乎其胸中，是故遻物而不慑。彼得全于酒，而犹若是，而况得全于天乎？圣人藏于天，故莫之能伤也。"（《庄子·达生》）

这一种至人、神人，庄子有时又称之为真人或天人。其实不过是"与化为人"之人。此种人，我们亦可称之为宇宙人，而非世间人。圣人游乎方之内，游乎形骸之内，依然是人世间的人，依然是一物。神人游乎方之外，游乎形骸之外，虽在人生界，虽还是一个人，但已超越人生界而遨游乎宇宙界。那种人，庄子谓之天人，谓之神人。如何成得一天人与神人，此须了解庄子之知识论。中国后代的神仙思想，全由庄周引起，虽不尽是庄周之原来想象，但神仙思想实导源于庄子，这也是中国思想史里一特点，应该在此述及。

故《庄子》书中的神人，依然是一个人，只是其心知经过了人文洗炼，而仍想逃返自然的理想的自然人。因此与其说庄子思想在反知，毋宁说他在更赞颂知。所以庄子说：

小知不及大知。(《庄子·逍遥游》)

有真人而后有真知。(《庄子·大宗师》)

如是则《庄子》书里的神仙，依然是一个人，依然从人世界产生，不从另一世界降来，这就说明了庄子思想依然是中国思想。因此庄子虽喜讲宇宙界，但庄子绝没有西方宗教气味，而且是绝端的无神论者。但庄子思想亦不能走上西方近代自然科学之道路。明白言之，庄子思想实在还是人文精神的。

我们若说孔、孟、杨、墨所讲是一种"道德人生"，则庄子所追求的是一种"艺术人生"。其实庄子思想里，有许多点很近似孔子。儒家本有两方面,"用之则行""达则兼善天下",是一面。"舍之则藏""穷则独善其身",是又一面。庄周书中颇多称引孔子、颜渊,只是注重他们的消极面,不注重他们的积极面。注重在藏与独善,不注重到行与兼善。墨翟注重行与兼善,或者杨朱早就注重到藏与独善。说不定杨朱是庄子思想之前驱。可惜文献不足,无从详证了。但在此可说者,庄子之藏,是把此有限人生,妥善地藏在无限的大宇宙中。这点,决然为杨朱所未经阐发的。孔子只是藏在人生中,所以是道德人生。庄子则藏在宇宙中,所以是艺术人生。

若说中国思想对世界思想史有贡献,无疑的,其最大贡献,多在人生界,不在宇宙界。人生界之积极方面,是道德人生,其消极方面,则为艺术人生。墨家思想衰落了,墨家精义,多为儒家所吸取而融化。于是将来的中国思想界,遇盛世积极,则讲道德人生,都崇尚孔孟儒家。遇衰世消极,则转讲艺术人生,偏向庄老道家。因此以后的中国思想界,遂形成了孔孟与庄老递兴递衰的局面。

一二　惠施与公孙龙

庄子同时,有一思想密友惠施。但两人思想态度绝不同。庄子近似孔子,其思想都从实际人生之体验中来。惠施近似墨子,他的思想,都从思辩理论上来。墨家思想,颇有些近似西方哲学家之逻辑方法,惠施更就这一面推阐尽致,在当时见称为"辩者",在后代被目为"名家"。庄子稍后有公孙龙,也是"名家"著名的代表。

庄子喜欢讲万物一体,惠施也喜欢讲万物一体,但两人讲法不同。庄子说:

> 自其异者视之,肝胆楚越也。自其同者视之,万物皆一也。(《庄子·德充符》)

又曰:

假于异物，托于同体。(《庄子·大宗师》)

可见庄子论万物一体，是对外面事相之实地观察，是对人类心情知见之深一层的分析。惠施则谓：

至大无外，谓之大一，至小无内，谓之小一。(《庄子·天下》)

大同而与小同异，此之谓小同异；万物毕同毕异，此之谓大同异。(《庄子·天下》)

泛爱万物，天地一体也。(《庄子·天下》)

可见惠施所谓万物一体，是从名言分析，从人类语言涵义之引申的必然结果而言。其实人类的语言名字，根本并不能恰恰符合人类的心情知见。若偏就语言名字无限引申，是很容易与人类原本的心情知见违逆的。故庄子非之，称其：

饰人之心，易人之意，能胜人之口，不能服人之心，辩者之囿也。(《庄子·天下》)

庄子与惠子游于濠梁之上，庄子曰："鲦鱼出游从容，是鱼之乐也。"惠子曰："子非鱼，安知鱼之乐？" <u>近代西方唯心哲学便谓心非物，因此也不能知物。</u>庄子曰："子非我，安知我不知鱼之乐？" <u>即就语言，破其语言，是为以子之矛攻子之盾。此是浅一层的戏论。</u>惠子曰："我非子，固不知子矣，子固非鱼也，子之不知鱼之乐全矣。"庄子曰："请循其本。

子曰'汝安知鱼之乐'云者,既已知吾知之,而问我,我知之濠上也。_{若照庄子意,我心既已确知有外面之物,便不必追问其如何知。}(《庄子·秋水》)

> 此始不就语言,而就心情知见之真实经验处讲,是为深一层的正论。从知见之本原处讲。

这一节答辩,正可说明庄、惠两人思想态度之根本不同点。惠施总爱在名字言辩上着想,故说"子非鱼,安知鱼之乐",庄子则直从实际的心经验中透悟,故说"我知之濠上"。庄子在濠梁之上,亲自看到鲦鱼出游从容,而从其内心真切感到鱼之乐。惠施却偏说:"子非鱼,安知鱼之乐?"这岂不是"饰人之心,易人之意,能胜人之口,不能服人之心"之一具体例证吗?而且惠施问庄子"汝安知鱼之乐",则明知庄子知鱼之乐而起问,这已自相矛盾了。郭象曾代庄子答辩,云"汝非我,又如何知我之非鱼",这亦有理趣。总之专从人类语言名字分析上,过细推展引申,结果常易犯此病。

在惠施之后,又有公孙龙,与惠施齐名。他们的思想,一样都从名字言辩上作根据。惠施喜欢把异的说成同,公孙龙却喜欢把同的说成异。他最喜欢讲"白马非马"。他说:

求马,黄、黑马皆可致。求白马,黄、黑马不可致。使白马乃马也,是所求一。所求一,而黄、黑马,有可有不可,何也?_{求马,则黄、黑马可致,求白马则黄、黑马不可致,可证所求非一。}故黄、黑马一也,而可以应有马,不可以应有白马,是白马非马审矣。(《公孙龙子·白马论》)

一二 惠施与公孙龙　　51

其实公孙龙此辨,在西方名学上亦有根据。英人穆勒作《名学》,力辨名乃"物名"非"意名"。公孙龙实乃"意名"论者。就求白马者之心意言,则白马非马。物名是客观的,可推。意名乃主观的,不可推。名学中论名有内包、外延之别。内包主其所涵,则白马非马。外延主其所举,则白马是马。名学推理皆就外延,公孙龙则改就内涵,理据不同。公孙龙又说:

物莫非指,而指非指。(《公孙龙子·指物论》)

一切物名,皆由人心意有所指。若无人心意所指,则根本物名不起。但人心意所指,则各各相别。此人所指,未必即彼人之所指。此刻所指,未必即彼刻之所指。则此指非彼指,故说"指非指"。如是则不仅白马非马,抑且白马非白马。于是公孙龙又有"离坚白"之说。他说:

视不得其所坚而得其所白者,无坚也。拊不得其所白而得其所坚者,无白也。(《公孙龙子·坚白论》)

目视石,得其白,不得其坚。手拊石,得其坚,不得其白。视石的称石,是指"白"而言。拊石的称石,是指"坚"而言。名同而指不同。于是公孙龙又有他的"名实论"。他说:

名,实谓也。知此之非此也,知此之不在此也,则不谓也。知彼之非彼也,知彼之不在彼也,则不谓也。

> 故彼彼止于彼，此此止于此。(《公孙龙子·名实论》)

如目视石，其意实指石之白。手拊石，其意实指石之坚。目视的说石，其所指实不在坚。手拊的说石，其所指实不在白。如是则"石"之一名之内，并不兼包有坚、白。故公孙龙主张"离"，主张"止而不推"。这一说法，初看很近庄子所谓"因是已"之说。公孙龙虽属名家，实把根据名来推理的基本理论彻底推翻了。但庄子决不会喜欢公孙龙的那一套，_{今庄子书中有力斥公孙龙的，并非庄子手笔，乃庄子后学所为。}因公孙龙理论，还是根据名字言辩出发，而来推翻名字言辩。庄子思想则根本不从名字言辩出发，而却也没有像公孙龙那样太抹杀了名字言辩之用，所以庄子说：

> 筌者所以在鱼，得鱼而忘筌。蹄者所以在兔，得兔而忘蹄。言者所以在意，得意而忘言。吾安得夫忘言之人而与之言哉！(《庄子·外物》)

孔子说：

> 书不尽言，言不尽意。

言由意而生，言所代表者是意，然言常不能尽意。我们正贵在此不尽意的言中，来求得其所代表之意，乃及其言外不尽之意。公孙龙则似乎认为言即是意，意尽于言，如是则不免要死于言下，转因言而失意。他的言辨，自然仍如惠施般，足以服人之口，不足以服人之心了。

从思想脉络看，先秦名家，其实从墨学变来。墨家主"兼爱"，其理论根据则在"天志"。是否真有一人格的天帝而又有他那一番志的呢？这在中国传统思想里是不易认可的。惠施始转换论点，说"泛爱万物，天地一体"，不再说有上帝意志，却想从名言异同的辨析上来支持墨义，来教人兼爱，无疑的必然要仍归失败。但其在积极的助成墨义，则无可否认。公孙龙主张"白马非马"论，却是从消极反面来为墨义解嘲。因墨家主张兼爱，在实践上，亦有难圆处。《小取篇》说：

> 盗人，人也。多盗非多人，无盗非无人也。恶多盗，非恶多人，欲无盗，非欲无人。爱盗，非爱人也。杀盗，非杀人也。（《墨子·小取》）

盗非人，杀盗非杀人，无背于兼爱人之意，这显然是公孙龙白马非马论之真实意指，与真实应用。但无论如墨子般推本上帝意志，或如惠施、公孙龙般专就名言分析，来正反辨护，这两条路，都在先秦思想界受到激烈的抨击了。这是一种思想方法上的抨击。在此尽大力的是庄子道家。墨家的兼爱，虽是一番大理论，但一面经不起庄子在思想方法上之抨击；一面敌不住孟子在人生实践上的主张。于是盛极一时的墨学，也只有日趋消沉了。

一三　荀卿

战国思想，在庄周、惠施同时，及其稍后，除却道、名两家外，尚多有反对儒家别树异帜的，于是又出了荀卿，来驳击诸家，重回孔子。荀子在当时，其有功儒家，不在孟子下，但孟子主"性善"，荀子主"性恶"，两人思想又恰相反。荀子曰：

> 人之性恶，其善者伪也。今人之性，生而有好利焉，顺是故争夺生而辞让亡焉。生而有疾恶焉，顺是故残贼生而忠信亡焉。生而有耳目之欲，有好声色焉，顺是故淫乱生而礼义文理亡焉。然则从人之性，顺人之情，必出于争夺，合于犯分乱理而归于暴。故必将有师法之化，礼义之道，然后出于辞让合于文理而归于治。用此观之，则人之性恶明矣，其善者伪也。（《荀子·性恶》）

然则礼义何自来？荀子曰：

> 礼义者，圣人之所生也。(《荀子·性恶》)

又曰：

> 圣人积思虑习伪，故以生礼义而起法度。然则礼义法度者，是生于圣人之伪，非故生于人之性也。(《荀子·性恶》)

> 圣人化性而起伪，圣人之所以同于众。其不异于众者，性也。所以异而过众者，伪也。(《荀子·性恶》)

荀子指自然为"性"，人为为"伪"。人类文化皆起于人为，但人为与自然之界线，则并不能严格划分。谓人性中有恶，固属不可否认。但谓善绝非自然，全出人为，此见实太窄狭。因此后来中国思想界，大体还是承袭孟子。荀卿在当时思想上之贡献，不在其提出了性恶论，而在其对其他各派反儒家思想能施以有力之抨击。此下专举其对墨子、庄子、惠子三派之批评为例。他说：

> 墨子蔽于用而不知文，惠子蔽于辞而不知实，庄子蔽于天而不知人。故由用谓之，道尽利矣。由辞谓之，道尽论矣。由天谓之，道尽因矣。(《荀子·解蔽》)

墨子是一个实用主义者，由他看来，只要有利便是道。惠子是一个名辨主义者，由他看来，只名字上的辨论便是道。庄子是一个自然主义者，由他看来，只因任自然便是道。荀子说：

> 此数具者，皆道之一隅也。夫道者，体常而尽变，一隅不足以举之。(《荀子·解蔽》)

儒家思想，并不是不看重实利，也不是不看重名言辨析，亦不是不看重自然，只不偏陷在此一角，而把思想拘碍了。

荀子批评墨家，有一段极精辟的话。他说：

> 礼起于何也？曰：人生而有欲，欲而不得则不能无求，求而无度量分界则不能不争。争则乱，乱则穷。先王恶其乱也，故制礼义以分之，以养人之欲，给人之求。使欲必不穷于物，物必不屈于欲。两者相持而长，是礼之所以起也。故礼者养也，出死要节，所以养生也。出费用，所以养财也。恭敬辞让，所以养安也。礼义文理，所以养情也。人苟生之为见，若者必死。苟利之为见，若者必害。苟怠惰偷懦之为安，若者必危。苟情说之为乐，若者必灭。故人一之于礼义，则两得之矣。一之于情性，则两丧之矣。儒者将使人两得之者也。墨者将使人两丧之者也。是儒墨之分也。(《荀子·礼论》)

荀子着眼在人类群体生活上来阐述儒家的"礼"之精义。外面注意物质经济条件，内面注意情感需要条件。"礼"可以给此外、内双方以协调，使内心欲求不远超过外面物质经济之所允可。使外面经济物质供养，也不远落在内心欲求之后。这是兼顾心、物双方之一种人生调节与人生艺术。墨家只看重外面物质实利，其实是站在纯经济的立场，而忽略了内在的情性。但荀子是主张性恶的，认为人性只知好物质实利，故反而说墨子只看重了人的情性。孔孟言礼，主从人类相互间的"爱"与"敬"出发，荀子则改从人类经济生活之利害上出发。故孔孟言礼，是"对人"的，而且当下即是一目的。荀子言礼，则转成"对物"，而且仅成一手段。荀子发扬儒学，而忽略儒之言仁，荀子毕竟只是一个智者，非仁人。_{庄子亦是一智者，墨子、惠施则一是志士，一是纯理论者。}但荀子言礼极具体，他说"礼"中包涵人生种种之"欲"，对此后中国经济思想有关政治实际措施方面之影响则极大。

荀子批评惠施，也有一段精辟的话。他说：

君子之言，涉然_{深入人生实际}而精，俯然_{俯就人生实际}而类，差差然_{貌若不平不齐}而齐。彼正其名，当其辞，以务白其志义者也。彼名辞也者，志义之使。_{辞是判断，名与辞是人类表达志义之工具，却不能由名与辞获得志义。}足以相通则舍之矣。_{名与辞是人对人之表白，非人对理之探求。}故名足以指实，辞足以见极，极_{中也，本也。}则舍之矣。外是者谓之讱。_{讱，难也。艰深之义。}_{言辨艰深，仅以难人，反失真理。}是君子之所弃，而愚者拾以为己宝。故愚者

诱其名，眩其辞，而无深于其志义者也。(《荀子·正名》)

他又说：

名也者，所以期异实也。<small>分异外面之实，如人与物两名异实。</small>辞也者，兼异实之名以论一意也。<small>如"人为万物之灵"一语，兼人物两异实之名而表示出对人之评价。</small>辨说也者，心之象道也。<small>"道"字疑衍。辨说只表达心之所思，故曰"心之象"。</small>心也者，道之工宰也。<small>非心则道不明，犹非工则器不成。宰是主宰义。</small>道也者，治之经理也。<small>治是人类群体生活之最高表现，心合于道而道为之条理。</small>心合于道，说合于心，辞合于说，正名而期。(《荀子·正名》)

这是说能合于道者是心，心有所思所明而以说表出之。说由辞组成。故辞必合于其所欲说。辞必兼异实之名而成。故欲立辞成说，必先正名以待，故正名只是铸辞立说的一种工具。明"道"者是"心"，由"说"来表达之，又用"辞"来表达"说"，用"名"来表达"辞"。辨者之蔽，是把此顺序逆转了。他们由名生出辞，由辞生出说，即由说来替换了心，而认之为道了。荀子此一态度，仍近孔子与庄子，主从人生实际经验中求道，不从名与辞之辨析理论中明道，所以与名、墨分途。这一番驳正惠施一派辩者之言，极似庄子，而说来更透辟。名、墨两家的思想方法，在将来中国思想界无大进展，荀子的影响亦大。

现在再抄录荀子批评庄子的一番话，他说：

一三 荀卿　　59

明于天人之分，则可谓至人矣。不为而成，不求而得，夫是之谓天职。如是者虽深，其人不加虑焉，虽大，不加能焉，虽精，不加察焉。夫是之谓不与天争职。天有其时，地有其财，人有其治，夫是之谓能参。舍其所以参而愿其所参，则惑矣。列星随旋，日月递炤，四时代御，阴阳大化，风雨博施，万物各得其和以生，各得其养以成，不见其事而见其功，夫是之谓神。皆知其所以成，莫知其无形，夫是之谓天。惟圣人为不求知天。天职既立，天功既成，形具而神生，此即子产"既生魄、阳曰魂"之义。好恶喜怒哀乐臧焉，夫是之谓天情。耳目鼻口形能，各有接而不相能也，夫是之谓天官。心居中虚以治五官，夫是之谓天君。财非其类以养其类，夫是之谓天养。顺其类者谓之福，逆其类者谓之祸，夫是之谓天政。暗其天君，乱其天官，弃其天养，逆其天政，背其天情，以丧天功，夫是之谓大凶。圣人清其天君，正其天官，备其天养，顺其天政，养其天情，以全其天功，如是则知其所为，知其所不为矣。则天地官而万物役矣。其行曲治，其养曲适，其生不伤，夫是之谓知天。故大巧在所不为，大知在所不虑。(《荀子·天论》)

荀子又说：

> 大天而思之，孰与物畜而制之？从天而颂之，孰与

制天命而用之？望时而待之，孰与应时而使之？因物而多之，孰与骋能而化之？思物而物之，孰与理物而勿失之也？愿于物之所以生，孰与有物之所以成？故错人而思天，则失万物之情。（《荀子·天论》）

此一番话，显是针对庄周一派"知有天而不知有人"者发。但有些说得过偏过重了，又似乎转近于只求知人，不求知天了。庄子意在扩大人的智识范围，不要仅仅拘囿在人生圈子之内；荀子则在规制人的智识范围，只许拘囿在人生圈内已够了。孔子奖励人"知命"，积极方面像是庄子，消极方面像是荀卿。而且孔子的知命之学，还留有一条天人相通之路，荀子则把天、人界线划得太清楚了，遂变成天、人对立，变成"制天命而用之"了。孔子思想中所留着的一条天人相通之路，便是他对人性的观点。子贡说：

夫子之文章，可得而闻也。夫子之言性与天道，不可得而闻也。（《论语·公冶长》）

从子贡的话里，即透露出孔子对人性与天道，是同样看法的。后来孟子说"尽性知天"，便是沿着孔子看法而来。孔子言仁，孟子言性善，宇宙界与人生界即从此人心之"仁"与人性之"善"上通气。现在荀子因为要力反庄子之太偏向自然，而过分提高了人为，于是把天与人截然分开，主张性是恶的，天是要制的，他的理论遂不免太偏于重智。他讲人心功能，也看重思虑，_{即智。}而忽略了情感，_{即仁。}于是在荀子思想中，遂不得不更多承认了"欲"的地位。他说：

> 凡语治而待去欲者，无以道欲而困于有欲者也。凡语治而待寡欲者，无以节欲而困于多欲者也。欲不待可得，而求者从所可。欲不待可得，所受乎天也。求者从所可，受乎心也。所受乎天之一欲，制于所受乎心之多，固难类所受乎天也。故欲过之而动不及，心止之也。心之所可中理，则欲虽多，奚伤于治？欲不及而动过之，心使之也。心之所可失理，则欲虽寡，奚止于乱？故治乱在于心之所可，亡于情之所欲。欲虽不可尽，可以近尽也。欲虽不可去，求可节也。所欲虽不可尽，求者犹近尽。欲虽不可去，所求不得，虑者欲节求也。道者，进则近尽，退则节求，天下莫之若也。（《荀子·正名》）

荀子思想中对"欲"有二态度，可进则求近乎满足所欲，不可进而退，则求自己节制所欲，不使其太不够满足。这一番功夫，则全赖人之心智。心智贵能知道，此道即指示人进尽欲、退节欲之恰好道路。则荀子此处所谓"道"，与上引之所谓"礼"，皆是人群面对物质生活之所需，而非发源于人与人相处之一片深情厚意而始有，此为荀子与孔孟之相异处。在此处，荀子虽力反庄子，其思想路径又实与庄子为近，荀子曰：

人何以知道？曰：心。心何以知？曰：虚壹而静。虚壹而静，谓之大清明。万物莫形而不见，莫见而不论，莫论而失位。论是"经纶"义，伦理指物与物之相互关系言。坐于室而见四海，处于今而论久远，疏观万物而知其情，参稽治乱而通其度，经纬天地而材官万物，制割大理而宇宙里矣。（《荀子·解蔽》）

可见荀子思想是对物的，是纯理智的，不注重人类天性中之仁爱，不注重人与人间之自然情意，此一点使其甚近于西方哲学。但非纯思辨、纯理论的。以其反对名、墨两家之思辨方法，这一点使其仍与西方哲学不类。他的获得理智的方法，却有些近似于庄子。这一点使其虽主张严格划分天、人界线，虽颇主克服自然，驾驭自然，而并不能接近西方科学的道路。他虽很看重人类群体生活，而注意到其间之礼义法度。但其对人群，亦如对物般，只就其生活之外面着眼，没有一种人与人间之情意之相通。因此使其成为一傲慢的智识主义者，成为一主张等级性的智识贵族。他专就智识立场分人为四等。他说：

有圣人之知者，有士君子之知者，有小人之知者，有役夫之知者。（《荀子·性恶》）

在他处，荀子又分人为大儒、雅儒、俗儒、俗人之四类。大儒即圣人，如孔子。雅儒相当于士君子，俗儒相当是役夫，荀子在他处又称之为奸人，乃指反儒术之百家言。俗人即小人，乃为无知无识之平民。他说：

不学问，无正义，以富利为隆，是俗人者也。略法先王而足乱世术，缪学杂举，不知法后王而一制度，不知隆礼义而杀《诗》《书》，"隆礼义"是守后王之法度，称道矣。杀是轻减其重量之义，"杀《诗》《书》"即不要太重视古代。呼先王以欺愚者，是俗儒者也。法后王，一制度，隆礼义而杀《诗》《书》，其言行已有大法矣。然而明不能齐，法教之所不及，闻见之所未至，则知不能类也。尊贤畏法而不敢怠傲，是雅儒者也。法先王，统礼义，一制度，以浅持博，以古持今，以一持万，举统类而应之，无所儗㤃，张法而度之，则晻然若合符节，是大儒者也。（《荀子·儒效》）

荀子又说：

多言而类，圣人也。少言而法，君子也。多少无法，虽辩，小人也。劳力而不当民务，谓之奸事。劳知而不律先王，谓之奸心。辩说譬谕，齐给便利，而不顺礼义，谓之奸说。此三奸者，圣王之所禁也。（《荀子·非十二子》）

又曰：

听其言则辞辩而无统，用其身则多诈而无功，上不足以顺明王，下不足以和齐百姓，夫是之谓奸人之雄。圣王起，所以先诛也。然后盗贼次之。盗贼得变，此不

得变也。(《荀子·非相》)

在荀子之意,惟知通统类者才配治历史,法先王,来创法定制。其次知不能通统类,则仅能法后王,遵法守制,奉行政令。再其次,论不到知识思想,则当劳力于衣食生事。尚有一辈人,知不能通统类,偏要法先王,高谈古昔,昧于时变,而强固不变,不服从后王之法令,则圣王起只有先诛。荀子这一理论,思想上一转为韩非法家,见之实际政治,则为李斯相秦,焚书坑儒,禁人以古非今,<small>即不许第二级智识以下人亦谈历史,根据古而疑今。</small>偶语《诗》《书》即弃市。<small>礼法是今王(即后王)所制,《诗》《书》乃先王所遗。大儒圣人,知通统类,故能推先王《诗》《书》之意而创定礼法。第二级智识以下,则只许遵奉时王制度,不许谈《诗》《书》,议礼法。</small>而令欲学者以吏为师。<small>即是法后王之礼法,此语亦见《韩非》书中。</small>李、韩都是荀卿弟子,这是本着偏智不仁的态度来讨论人类群体生活者所应有之结果。

一四 老子

《老子》是战国一部晚出书,不仅在《论语》后,还应在《庄子》后。《老子》书中许多重要观点,几乎全从《庄子》引申而来。只因其文辞简赅,故使人更觉很像是义蕴深玄。荀子说:

> 老子有见于诎,无见于伸。(《荀子·天论》)

大概《老子》书出在荀子稍前一个不知名人之手。

道家有庄老,等于儒家有孔孟,这是中国思想史里两大主要骨干。上文讲述庄子思想,没有详细说及他对"道"字的观念,此刻借老子的话来补述。老子说:

> 道之为物,惟恍惟惚。惚兮恍兮,其中有象。恍兮惚兮,其中有物。窈兮冥兮,其中有精。其精甚真,其中有信。

自古及今，其名不去，以阅众甫。吾何以知众甫之然哉，以此。(《老子》二十一章)

这是说宇宙一切原本于"道"，开始于"道"。道是惚恍窈冥的。说没有又是有，说有又是没有。从道中先有法象，再有万物。万物分析到最后只是些精气，<small>此说遂开后来《易传》中之思想。</small> <small>精只是气之极微不可见者。</small>这些精气运行，有它常然可信之规律。宇宙一切现象，永远是那些精气运行所变化，因此宇宙只是一道体。我们明白得此道体，便可明白宇宙一切众始。<small>甫即始也。</small>老子又说：

> 有物混成，先天地生。寂兮寥兮，独立而不改，周行而不殆。可以为天下母。吾不知其名。字之曰道，强为之名曰大，大曰逝，逝曰远，远曰反。(《老子》二十五章)

这是说道先天下而有，道是绝对的，<small>独立。</small>又是循环的。<small>周行。</small>宇宙一切都由道出。<small>为天下母。</small>道是运行向前的，<small>逝。</small>但它向前到某一限度会回归的。<small>反即返。</small>老子又说：

> 致虚极，守静笃，万物并作，吾以观其复。夫物芸芸，各复归其根。归根曰静，是谓复命。复命曰常。知常曰明。不知常，妄作凶。(《老子》十六章)

大道运行不息，但必反本复始，归根回原，所以是至动至静。

一四 老子　　67

此种运行既有常轨,故可信。人该先明白得此道运行之常轨。即天地间一切现象,亦莫不在遵循此运行之常轨,故曰:

> 昔之得一者,天得一以清,地得一以宁,神得一以灵,谷得一以盈,万物得一以生,侯王得一以为天下正。(《老子》三十九章)

"一"即是道,没有道便没有一切,甚至没有天、地、神,与万物。亦将没有侯王。所以说:

> 天无以清将恐裂,地无以宁将恐发,神无以灵将恐歇,谷无以盈将恐竭,万物无以生将恐灭,侯王无以贵高将恐蹶。(《老子》三十九章)

所以天、地、神、物,尽将效法于道。但道又效法什么呢?老子说:

> 人法地,地法天,天法道,道法自然。(《老子》二十五章)

道是绝对的,因此道无所效法,即效法其自体,故曰"道法自然"。

人如何效法道呢?首先当明得此道所呈现之象。天地间必然有两种相反现象之对立,老子曰:

> 有无相生,难易相成,长短相形,高下相倾,音声相和,前后相随。(《老子》二章)

但此诸种对立现象,并非安住固定,而常在变动中。对立的变动便是对流。老子说:

> 天之道,其犹张弓乎?高者抑之,下者举之,有余者损之,不足者与之。天之道,损有余而补不足。(《老子》七十七章)

此种对流,好像有一个天意在主宰着,故老子又称之为"天道"。老子曰:

> 反者道之动,弱者道之用。天下万物生于有,有生于无。(《老子》四十章)

道之运行,常向其相反处,^{此即对流。}强便转向弱,弱便转向强。成便转向败,败便转向成。人心好强好成,道则无所存心。故曰:

> 天地不仁,以万物为刍狗。天地之间,其犹橐籥乎?虚而不屈,动而愈出。(《老子》五章)

万物生复死,死复生。万物虽想长生,天地并不管这些。惟

一四 老子

其无心任运，故能"虚而不屈，$_{竭也}$动而愈出"。所以道虽永远向前，却是无往不复。老子说：

> 将欲噏之，必固张之。将欲弱之，必固强之。将欲废之，必固兴之。将欲夺之，必固与之。是谓微明。(《老子》三十六章)

这些天地间现象的变动，其起始常甚微，但到后则甚明。人之智慧，则当能明其微处。人若明白得此微，则自知所以自处。故老子曰：

> 柔弱胜刚强。(《老子》三十六章)

因刚强必走向柔弱，柔弱却又转向刚强。故曰：

> 强梁者不得其死，吾将以为教父。(《老子》四十二章)

老子只是教人柔，教人弱。以此为一切教之始，故曰"教父"。他说：

> 守柔曰强。(《老子》五十二章)
> 反者道之动，弱者道之用。(《老子》四十章)

道常向相反处运行,人若先处在自己不想要的一端,正可走向自己所想要的一端。故曰:

> 曲则全,枉则正,洼则盈,弊则新,少则得,多则惑。(《老子》二十二章)

又曰:

> 大成若缺,大盈若冲,大直若屈,大巧若拙,大辩若讷。(《老子》四十五章)
>
> 知其雄,守其雌,为天下谿。知其白,守其黑,为天下式。知其荣,守其辱,为天下谷。(《老子》二十八章)

人若喜雄、白、荣,便该守雌、黑、辱。雌、黑、辱有获得雄、白、荣之道。若想牢居在雄、白、荣的位上,反而会堕入雌、黑、辱的境遇了。所以说:

> 跂者不立,跨者不行,自见者不明,自是者不彰,自伐者无功,自矜者不长。其于道也,曰余食赘行,物或恶之,故有道者不处。(《老子》二十四章)

故曰:

> 持而盈之,不如其已。揣而锐之,不可长保。金玉满堂,莫之能守。富贵而骄,自遗其咎。功成身退,天之道。(《老子》九章)

庄子是豁达豪放人,事事不在乎。老子是一谨小慎微者,步步留心,处处在意。故曰:

> 古之善为士者,微妙玄通,深不可识。夫唯不可识,故强为之容。豫兮若冬涉川,犹兮若畏四邻,俨兮其若客,涣兮若冰之将释,敦兮其若朴,旷兮其若谷,浑兮其若浊。(《老子》十五章)

这一种态度,永远像在犹豫,在畏缩,在观望,在掩盖着自己真态度不让襮露,俾好时时随机应变。所以说:

> 我有三宝,持而宝之。一曰慈,二曰俭,三曰不敢为天下先。慈故能勇,俭故能广,不敢为天下先,故能成器长。(《老子》六十七章)

此三宝中,"俭"与"不敢",最见老子真情。"慈"则最多只是一种老年之爱,世故已深,热情血性都衰了。譬如哄小孩般。这一意态,仍是他所说"天地不仁""圣人不仁"之冷静意态。对一切自然现象不敢轻加毁伤以自逞己欲。以较孔子,老子固见为"不仁",若较韩非，则又确见其为"慈"。此是老子较韩非深远处。《庄子·天下篇》称其"以空虚不毁万物为实"，此可为老子"慈"字之真解。总之老子是一位精于打算的人，正因其精于打算，遂有他"无为"的主张。他说：

其安易持，其未兆易谋，其脆易破，其微易散。为之于未有，治之于未乱。合抱之木，生于毫末。九层之台，起于累土。千里之行，始于足下。为者败之，执者失之。圣人无为，故无败。无执，故无失。民之从事，常于几成而败之。慎终如始，则无败事。是以圣人欲不欲，不贵难得之货，学不学，复众人之所过，以辅万物之自然而不敢为。（《老子》六十四章）

他又说：

善行无辙迹，善言无瑕谪，善计不用筹策，善闭无关楗而不可开，善结无绳约而不可解。（《老子》二十七章）

道之出口，淡乎其无味。视之不足见，听之不足闻，用之不可既。既，尽也。（《老子》三十五章）

故曰：

为无为，事无事，味无味，大小多少，欲大反小，欲多反少，以小成大，以少得多。报怨以德。图难于其易，为大于其细。天下难事必作

于易，大事必作于细。圣人终不为大，故能成其大。(《老子》六十三章)

老子认为人若明白得此道，可以长生，<small>庄子思想中有神仙祈向，老子无之。老子思想中有长生祈向，庄子无之。后来之道士则集合为一。</small>可以治国，<small>庄子思想之推演，近似近代西方之无政府主义。老子思想之推演，近似近代西方之民主政治。</small>可以用兵，可以交与国，取天下。<small>庄子思想绝不及此等事。后来道家黄帝、太公诸伪书皆本老子。</small>而老子思想之最高蕲向则在"天人合一"。他说：

> 道生之，德蓄之，莫之命而常自然。长之育之，成之熟之，养之覆之，生而不有，为而不恃，长而不宰，是谓玄德。(《老子》五十一章)
>
> 圣人不积，既以为人己愈有，既以与人己愈多。天之道，利而不害。圣人之道，为而不争。(《老子》八十一章)

可见老子思想，最尚自然，但还是最功利的。最宽慈，但还是最打算的。百姓不识不知，本身即是一自然。圣人则看得清楚，打算得精密，其本身也即是一自然。众人如万物，圣人如天。老子之天人合一观，是把众人和圣人分别言之。《庄子·天下篇》称老子为"古之博大真人"，<small>《天下篇》不像上引两节，出庄子手笔。</small>一节是言道，一节是言合于道之圣人。老子这一种意境，确可膺当此博大真人的徽号，但还是掩盖不了他功利打算的精神。老子虽竭力主张尚法自然，尊道贵德，而达于天人合一之境界，但究竟他太精打算了，似乎精细更胜过了博大。《庄子·天下篇》又说他"以深为根,以约为纪",那是对老子最扼要的评语。他的心智表现,是最深沉,而又最简约的。此后中国的黄老之学,变成权谋术数,阴险狠鸷,也是自然的。

一五　韩非

韩非是荀子学生，他书中屡次推扬老子。但韩非只接受了荀、老两家之粗浅处，忽略了两家之高深博大处。他说：

> 世之显学，儒、墨也。孔、墨之后，儒分为八，墨离为三，取舍相反不同。孔、墨俱道尧、舜，而取舍不同。今乃欲审尧、舜之道于三千岁之前，意者其不可必乎？无参验而必之者，愚也。弗能必而据之者，诬也。故明据先王，必定尧、舜者，非愚则诬之学，杂反之行，明主弗受也。(《韩非子·显学》)

战国思想，本来极活泼、极生动，因此也极复杂分歧。在孟子、庄子时代，已经感到有将此复杂分歧的思想界加以澄清整理之需要。一到荀子、老子时代，此种需要更迫切了。但无论孟、荀、庄、老，他们都站在全人类文化立场，以人群全体生活的理想为出发，而求此问题之解答。韩非的立场则太过狭窄，他的观点也太过浅近，他只从统治阶级的偏面利益来衡量此种纷歧复杂的思想界之是非，那自然要全无是处。此条反对称道尧舜，即犹荀子之反俗儒。他又说：

上古之世，人民少，禽兽众，人民不胜禽兽虫蛇，有圣人作，构木为巢以避群害，而民悦之，使王天下，号曰有巢氏。民食果蓏蚌蛤，腥臊恶臭而伤腹胃，民多疾病，有圣人作，钻燧取火，以化腥臊，而民悦之，使王天下，号曰燧人氏。中古之世，天下大水，而鲧、禹决渎。近古之世，桀、纣暴乱，而汤、武征伐。今有构木钻燧于夏后氏之世者，必为鲧、禹笑矣。有决渎于殷、周之世者，必为汤、武笑矣。然则，今有美尧、舜、禹、汤、武之道于当今之世者，必为新圣笑矣。是以圣人不期脩古，不法常可。论世之事，因为之备。古者丈夫不耕，草木之实足食，妇人不织，禽兽之皮足衣，不事力而养足，人民少而财有余。故民不争。是以厚赏不行，重罚不用，而民自治。今人有五子，大父未死而有二十五孙。是以人民众而货财寡，事力劳而供养薄，故民争。虽倍赏累罚而不免于乱。尧之王天下，茅茨不翦，采椽不斲，粝粢之食，藜藿之羹。监门之服养，不亏于此。禹之王天下，身执耒臿以为民先。股无胈，胫不生毛，虽臣虏

一五　韩非　77

之劳，不苦于此。今之县令，一日身死，子孙累世絜驾。是以轻辞古之天子，难去今之县令者，薄厚之实异也。山居而谷汲者，膢腊而相遗以水。泽居苦水者，买佣而决窦。饥岁之春，幼弟不饟。穰岁之秋，疏客必食。是以古之易财，非仁也，今之争夺，非鄙也。圣人议多少，论薄厚，而为之政。罚薄不为慈，诛严不为戾，称俗而行。故事因于世，而备适于事。（《韩非子·五蠹》）

此节就历史时代之变而反对则古道昔。然历史有变亦有常。荀子主"通统类，明百王之道贯"，老子主"执古之道以御今之有"，皆未尝抹杀历史。历史之变，亦不能专就物质经济生活一方面着眼，又更非统治阶级一方面的事。韩非的意见，只注重在统治阶层。而其论统治对象，又是只注重在经济物质方面。至谓世事纠纷，仅恃严诛厚罚可以解决，更属偏浅。

韩非立论之最偏激者，尤在其论臣主之异利。故曰：

畏死难，降北之民也，而世尊之曰贵生之士。学道立方，离法之民也，而世尊之曰文学之士。游居厚养，牟食之民也，而世尊之曰有能之士。语曲牟知，伪诈之民也，而世尊之曰辩智之士。行剑攻杀，暴憿之民也，而世尊之曰磏勇之士。活贼匿奸，当死之民也，而世尊之曰任誉之民。（《韩非子·六反》）

战国士风未醇,晚世尤甚。然贵生,〔如道家庄老。〕文学,〔如儒家孟荀。〕有能,〔如稷下先生淳于髡、田骈之徒。〕辩智,〔如名家惠施、公孙龙。〕廉勇,〔如游侠聂政、荆轲。〕任誉,〔如孟尝、信陵、平原、虞卿等。〕皆当时社会所推尚。如非之意,则此等皆在排挤杀戮之列。如是则世道之光辉,人生之蕲向,岂不太觳太狭。韩非之所注重则仅在"富强"。而彼心中之富强,则是专属于统治阶层的,故曰:

> 奸伪无益之民六,〔上引已详。〕而世誉之。耕战有益之民六,而世毁之。布衣循私利,世主听虚声而礼之。礼之所在,利必加焉。百姓循私害,世主壅于俗而贱之。贱之所在,害必加焉。故名赏在乎私恶当罪之民,而毁害在乎公善宜赏之士。索国之富强,不可得也。(《韩非子·六反》)

社会舆情所向,韩非则谓之"私"。政府偏利所求,韩非则谓之"公"。韩非殆仅知有政治,而不知有文化。仅知有国家,〔其实只是贵族治权阶级。〕而不知有人生。仅知有君主,而不知有民众。故曰:

> 行仁义者非所誉,誉之则害功。工文学者非所用,用之则乱法。(《韩非子·五蠹》)

庄老亦非仁义,轻文学,然视韩非则陈义深远,所非同,其所以非则异。韩非又曰:

> 世之所谓贤者,贞信之行也。所谓智者,微妙之言也。微妙之言,上智所难知。今为众人法,而以上智之所难知,则民无从识之矣。今所治之政,民间之事,夫妇所明知者不用,而慕上智之论,则其于治反矣。布衣相与交,无富厚以相利,无威势以相惧,故求不欺之士。今人主处制人之势,有一国之厚,重赏严诛,得操其柄,奚待于不欺之士。故明主之道,一法而不求智,固术而不慕信。(《韩非子·五蠹》)

韩非心中之政治,只是驾驭民众。驾驭之道,则恃刑赏法术。故又曰:

> 圣人之治国,不恃人之为吾善也,而用其不得为非也。恃人之为吾善,境内不什数。用人不得为非,一国可使齐。为治者由众而舍寡,不务德而务法。有术之君,不随适然之善,而行必然之道。(《韩非子·显学》)

至于法制刑罚之不必然,老子曰:"民不畏死,奈何以死惧之。"则非韩非所知。故曰:

> 废常上贤则乱,舍法任智则危。故曰上法而不上贤。(《韩非子·忠孝》)

不上贤亦庄老所主，然庄老别有着眼，并不以法律为常道。故曰：

> 恍惚之言，恬淡之学，天下之惑术也。（《韩非子·忠孝》）

此韩非之明讥庄老。韩非仅知有物质生活，故庄老玄谈，皆见为恍惚。韩非专主刑赏，故庄老恬淡，即感无可驾御。故韩非之学，不仅背其师传，<small>荀子。</small>亦复无当其所尊尚。<small>老子。</small>然其思想中过偏过激之萌蘖，亦不能不说乃由其所师尚而来。<small>荀子即是孔学之偏激，然老子则并非庄学之偏激。惟庄书中如《骈拇》《马蹄》诸篇，则又是老学之偏激也。</small>韩非自己性情，是一个孤愤人，<small>其书有《孤愤篇》。</small>或传其书至秦，那时秦始皇帝正是二十六七岁的青年，见其书，曰：

> 嗟乎！寡人得见此人，与之游，死不恨矣。（《史记·老子韩非列传》）

李斯遂引致了韩非，又把他谗害了。但此后秦始皇帝焚书坑儒一番伟举，却不能不说是韩非《五蠹》《六反》《孤愤》<small>皆韩非著书篇名。</small>之气之一番发泄。先秦学术思想，由韩非来做殿军，那是中国思想史里一黑影，一污点。

一六　秦汉时代

近代一般观点，都认为秦始皇帝统一六国，春秋战国思想便告一段落，下面好像是一个脱空时期，实则并不尽然。战国思想已极纷歧杂反，国家走上统一，思想界亦要求调和融通，汇归一致。荀子、老子、韩非，深浅不同，但都有此期望。以后还继续此期望。《吕氏春秋》_{秦始皇初年。}与《淮南王书》_{汉武帝初年。}都在此期望上努力，也都有相当贡献。司马谈《论六家要旨》，直到刘向、歆《七略》，即《汉书·艺文志》所引，还是此路向。《吕氏春秋》是想折衷百家来调和百家的，毕竟气魄不够，不能超越百家，即不能折衷百家而开创一新局面。《淮南王书》是站在老子道家立场来折衷百家的，既站在道家立场，即脱不了道家樊笼，也不胜此融通和会之大责任。除此两派外，尚有一派新儒家，他们是先就融会儒、道再来融会百家的，那一派成就最大，对此后中国思想界影响最深。此下专把此一派来稍加申说，而以《易经十传》和《中庸》为代表。

一七　易传与中庸

《易传》和《中庸》,出于不知谁何人之手,与《老子》同类,都是中国古代几部无主名的伟大杰作。老子思想之大贡献,在提出一个天人合一,即人生界与宇宙界合一、文化界与自然界合一的一种新观点。关于此一问题,本是世界人类思想所必然要遭遇到的唯一最大主要的问题。春秋时代人的思想,颇想把宇宙暂时撇开,来专一解决人生界诸问题,如子产便是其代表。孔子思想,虽说承接春秋,但在其思想之内在深处,实有一个极深邃的天人合一观之倾向,然只是引而不发。孟子的性善论,可说已在天、人交界处明显地安上一接榫,但亦还只是从天过渡到人,依然偏重在人的一边。庄子要把人重回归到天,然又用力过重,故荀子说其"知有天而不知有人"。但荀子又把天与人斩截划分得太分明了。这一态度,并不与孔子一致。老子始提出"人法地,地法天,天法道,道法自然"

之明确口号，而在修身、齐家、治国、平天下一切人生界实际事为上，都有一套精密的想法，较之孟子是恢宏了，较之庄子是落实了，但较之孔子，则仍嫌其精明有余，厚德不足。而且又偏重在自然，而放轻了人文之比重。《易传》与《中庸》，则要弥补此缺憾。《中庸》说：

> 天命之谓性，率性之谓道，修道之谓教。（《中庸》一章）

把自然扣紧在人性上，把道（自然之道、气之化之道）扣紧在人文教化上，这是把孟子来会通到庄老。《易传》说：

> 昔者圣人之作《易》也，将以顺性命之理。是以立天之道，曰阴与阳。立地之道，曰柔与刚。立人之道，曰仁与义。（《说卦》二章）

这仍是把孔孟仁义来会通庄老之天地自然。"顺性命之理"即是顺自然。人道中之仁义，即是天道中之阴阳，地道中之刚柔，此即是"道法自然"。故曰：

> 观变于阴阳而立卦，发挥于刚柔而生爻，和顺于道德而理于义，穷理尽性以至于命。（《说卦》一章）

此处特提"穷理"一观念，极重要。此"理"字在《韩非》

书中却有一很好的界说。韩非曰：

> 道者，万物之所然也，万理之所稽也。_{稽，合义。会合万理而成一道。}理者，成物之文也。_{庄子曰："其分也，成也。"理即是物之分界，即是物之形成。}道者，万物之所以成也。物有理，不可以相薄，_{不相薄，即不相冲突，庄子所谓"无适"，各因其是而止，即是约于分之内。}故理之为物之制。_{制是成法之义。老子曰："道生之，德畜之，物形之，势成之。"势字不如理字义蕴之佳之美。}万物各异理，而道尽稽万物之理，故不得不化。_{理静定而化则变动。理分别而化则和通。}（《韩非子·解老》）

《易传》所谓"穷理尽性以至于命"，即孟子所谓"尽心以知性，尽性以知天"，即孔子所谓之"下学而上达"。道家观念重于虚，虚而后能合天。儒家则反身内求，天即在人之中，_{即性是命。}即就人文本位充实而圆满之，_{"穷理"即孟子所谓"践形"。但"穷理"二字更明白、更透彻。}便已达天德，便已顺天命，更不必舍人求天。_{庄子曰："善吾生者，所以善吾之死。"儒家则认仁义尽性即是善吾之生。善吾之生与死，即由人而达于天。}《易传》之"穷理尽性"，亦即是《中庸》之"致中和"。《中庸》曰：

> 喜怒哀乐之未发谓之中，发而皆中节谓之和。中也者，天下之大本也。和也者，天下之达道也。致中和，天地位焉，万物育焉。（《中庸》一章）

"中"，人心之内在，即是人之"性"，_{就人文本位言，人性即是天下之大本，此即庄子之"环中"。}致"中"即是"尽性"，_{尽性即是庄子之"约分"。}致"和"则是"穷理"。

一七 易传与中庸　85

_{就物言则理为分}
_{就天言则理为和}，何以说"致中和"即能"天地位，万物育"呢？
《易传》曰：

> 天地之大德曰生。_{老子曰："天地不仁，以万物为刍狗。"庄老就生必有死言，故坚持其悲天任运的态度。}
> _{今专就生生不息言，则生是天地之大德，而成为乐天知命。}（《系辞下》一章）

天地之生，在于有阴阳之分；_{老子曰："万物负阴而抱阳，冲气以为和。"}人道之生，在于有夫妇之别。《中庸》曰：

> 君子之道，造端乎夫妇，及其至也，察乎天地。（《中庸》十二章）

夫妇之合本乎人性，_{中。}而夫妇有别，_{一男一女是其别。}又于别中见和，_{一夫一妇是其和，别中有和即是理。}别生敬，和生爱；别生义，和生仁。夫妇之道，即是仁义爱敬之道，亦即是阴阳之道。此证人道即天道，人生界即是宇宙界。天人合一，只就夫妇和合中认取。再推进一层言之，《中庸》曰：

> 自诚明谓之性，自明诚谓之教。诚则明矣，明则诚矣。唯天下至诚为能尽其性，能尽其性则能尽人之性，能尽人之性，则能尽物之性，能尽物之性，则可以赞天地之化育。可以赞天地之化育，则可以与天地参矣。（《中庸》二十一、二十二章）

姑再就夫妇之道言，男女好合，本发于人性，此即发于人之"诚"。因于好合之诚，遂有婚姻之礼。_{此即"自诚明"，孟子所谓"性之"。}既有婚姻之礼，益知好合之诚。_{此即"自明诚"，孟子所谓"反之"。}夫妇好合，即是"尽己之性"，却同时便是"尽人之性"。_{做一好丈夫，不仅尽了夫德，亦同时尽妻德，即人之德。因人性为妻者无不乐有一好丈夫，有了好丈夫，易成好妻子。故尽己之夫德，无异即是尽人之妻德。父慈子孝，亦同此理。一切人伦，均同此理。}《易传》曰：

> 天地絪缊，万物化醇。男女构精，万物化生。（《系辞下》五章）

夫妇之道"察乎天地"，岂不尽人之性便可尽物性而赞天地之化育吗？庄老根据天地自然来怀疑人生文化。此刻的新儒家，则根据人生文化来阐明天地自然。同样是要求天人合一，在《易传》《中庸》的一转手间，却有绝大思致、绝大聪明。那是思想界的一大翻腾。

《易传》《中庸》，一面认为人道本身即就是天道，此义当溯源于孔孟。但另一面也常先从认识天道入手来规范人道，此法则袭诸庄老。但庄老言天道，只就现象言，不主从现象后面来觅取一主宰。_{若在现象后面觅取主宰，即易成宗教。}《易传》《中庸》则不肯就象言象，而要在现象本身中来籀绎出此现象所特具而显著的德性。此一点，亦遂与庄老发生绝大歧异。《易传》曰：

> 易者象也，象也者，像也。（《系辞下》三章）

一七　易传与中庸　　87

> 古者包牺氏之王天下也，仰则观象于天，俯则观法于地，观鸟兽之文与地之宜，近取诸身，远取诸物，于是始作八卦，以通神明之德，以类万物之情。(《系辞下》二章)

《易传》里所竭力注重的法象观念，显然渊源于老子，但有一极大不同点。老子只指出现象之常对立，常反复，^{即对流，即循环。}仅就现象来描述现象。《易传》则就此现象而指出其一种无休无歇不息不已之性格，此非就象言象，而是即象言"性"，即象明"德"。故曰：

> 天行健，君子以自强不息。(《乾卦·象传》)

"健"乃天行之象之一种特性，一种本身内在固具之德。对立与反复仅是象。在人文立场言，是无意义的。不息之健则是德，德便成为一种意义。^{西方哲学称之为"价值"。但"价值"在外，"德"在内。}《中庸》也说：

> 至诚无息，不息则久，久则征，^{征，验也，了便可验。}征则悠远，悠远则博厚。博厚所以载物也，高明所以覆物也，悠久所以成物也。博厚配地，高明配天，悠久无疆。(《中庸》二十六章)

博厚、高明、悠久皆是德。《中庸》又于健行不息中说出一个"至诚"来。若非至诚，如何能健行不息呢？^{健与诚也是德。}老子只说"虚而不屈，动而愈出"，又说"天地万物生于有，有生于无"。又说"道常无为而无不为"。试问既是无，如何又能生？有既是虚，如何又能出动？既无为，如何又能无不为？《易传》则指出此道之"健"，《中庸》则指出此至健之道之"至诚"。惟其"至诚"与"健"，故能"不息"。惟其不息，故能博厚、高明、悠久而成其为天地，成其为道。《易传》《中庸》的宇宙观，乃是一种德性的宇宙观。采取了庄老的自然观来阐发孔孟的人文观，故成为新儒家。故曰：

> 天地之道，可一言而尽也。其为物不贰，"不贰"即是至诚。则其生物不测。"不测"即是无穷。天地之道，博也，厚也，高也，明也，悠也，久也。今夫天，斯昭昭之多，及其无穷也，日月星辰系焉，万物覆焉。今夫地，一撮土之多，及其广厚，载华岳而不重，振河海而不泄。万物载焉。今夫山，一卷石之多，及其广大，草木生之，禽兽居之，宝藏兴焉。今夫水，一勺之多，及其不测，鼋鼍蛟龙，鱼鳖生焉，货财殖焉。《诗》云："维天之命，於穆不已。"盖曰天之所以为天也。"於乎不显，文王之德之纯"，盖曰文王之所以为文也，纯亦不已。"纯"即"不贰"也。（《中庸》二十六章）

由是言之，天地自然，只是一至健至诚、不息不已之动，人道也应该至健至诚、不息不已。庄老着重在从外面的现象来拟想天地自然，于是天地自然究其极，只是一个虚无。儒家

一七　易传与中庸　　89

以德性来观察，天道是至实至有，不该人道转以虚无为本。

《易传》又说：

> 一阴一阳之谓道，继之者善也，成之者性也。仁者见之谓之仁，知者见之谓之知，百姓日用而不知，故君子之道鲜矣。（《系辞上》五章）

当知天地自然，只此一阴一阳，不息不已。不息不已即是有继续而不断。只要它能继续而不断，便即是"善"。如是则此至诚不息之道，本身即已是一至善。惟其不息不已，才演变出人生。惟其不息不已，才于人生中完成其"性"。性是从人生之不息不已中来，即是从道之至善中来。如此看法，并不是人"性"中能有"善"，乃是有了"善"才始成"性"。若无善，则无成，也不见有性了。这却与孟子的性善论恰正倒转。这一种天人合一的见解，较孟子显然又进了一步。在此不息不已之道的看法上，儒、道两家亦生歧见。"仁者见之谓之仁"，此是儒家，故《易传》说"天地之大德曰生"，天地化育即是一至善。"知者见之谓之知"，此是道家，故老子说"天地不仁，以万物为刍狗"，如是则自然本身并无善恶可言。君子之道，则必然该是仁知兼尽，而非偏智不仁的。这里便生出了人道与天道之分。故《易传》曰：

> 显诸仁，藏诸用，鼓万物而不与圣人同忧。（《系辞上》

五章）

"天地之大德曰生"，其为仁已显，然万物群生则衣被养育于此至仁大道之中而不知，此是天道。_{即庄老所主。}于是圣人有忧之，此是人道。_{乃儒家所主。}忧之如何？《中庸》曰：

> 诚者天之道，诚之者人之道。诚之者，择善而固执之者也。（《中庸》二十章）

此整个天地大自然，尽管不息不已，但不害有许多现象之趋于绝灭。趋于绝灭亦是一自然，而非自然之正面。一阴一阳，是自然之正面。我们亦可说，趋于绝灭者该是恶，不是善。或说是有阳无阴，有阴无阳了。然尽管有许多现象之趋于绝灭，但仍不害于此整个天地大自然之不息不已，此其终所以为善。恶本身不可能存在，而只存在于善之中。若存在本身全是恶，则此本身即趋灭绝，不复存在。故恶必依存于善，而善不须依存于恶。因此存在本身，若统体达于至善，仍可存在，但善恶兼存，亦是自然。当前的人生界，既有恶之依存，则人生努力，端在把握此可继之善，择善而固执之，隐恶而扬善。如是则：

> 成性存存，道义之门。_{人性由天地之善形成。保此人性，存存不息，便流出种种道义来。}（《系辞上》七章）

一七　易传与中庸　91

道义畅遂，便是人以合天，参赞天地。因为天地本体只是一永久存在，则人生努力，亦在此永久存在上。故说：

> 夫《易》，圣人之所以极深而研几也。唯深也，故能通天下之志。唯几也，故能成天下之务。（《系辞上》十章）

"天下之志"，即志在此可继之善，即志在此永久存在。"天下之务"，亦即务于此可继之善，务于此永久存在。故《易传》曰：

> 夫《易》，开物成务，冒天下之道。（《系辞上》十一章）

此道乃是人道。"开物成务"即是"赞天地之化育"。又《中庸》曰：

> 道之不行也，我知之矣。知者过之，愚者不及也。道之不明也，我知之矣，贤者过之，不肖者不及也。人莫不饮食也，鲜能知味。（《中庸》四章）

人生在此天地大自然中，此天地大自然本身即是一至善之道，由其不已不息。故曰：

> 道也者，不可须臾离也，可离非道也。（《中庸》一章）

人虽生活在道中，而患在不知道，此如日日饮食而不知味。庄老认天地为不仁，其理想中之圣人，亦如天地之不仁，此是贤知者过之。百姓则日用而不知，庄子曰：

> 人相忘于道术，鱼相忘于江湖。（《庄子·大宗师》）

故曰"不识不知，顺帝之则"。庄老正认为不知才始得道。《易传》《中庸》则主张人须努力明善知道，始能择善行道。故必明、诚相济，修道以教，此则圣人所忧，而天地不与。_{此是人道非天道。}这里又是儒、道一鸿沟。其蕲向"天人合一"之境界同，其所以到达此境界之途术则异。庄老主遏塞文化，复归自然。《易传》《中庸》则主发扬文化，完成自然。

庄老并不是不看重知识，惟他们认为欲求了解人生，必先了解宇宙的这一番知识，在庄老讲来，又是极玄秘，极深奥，并非尽人所能，因此他们索性不想叫人了解。尤其是老子，其实和荀卿一般，也是一知识的贵族主义者。_{凡抱知识的贵族主义者，必有"哲人王"的理想，此即《庄子·天下篇》所称之"内圣外王"，《庄子·天下篇》亦出老子后人手笔。}所以他说：

> 知者不言，言者不知。（《老子》五十六章）
> 古之善为道者，非以明民，将以愚之。（《老子》六十五章）
> 吾言甚易知，甚易行，天下莫能知，莫能行。夫惟无知，是以不我知。知我者希，则我者贵。（《老子》七十章）

一七　易传与中庸　93

《易传》《中庸》的意见，显与此不同。《易传》曰：

> 《乾》知大始，《坤》作成物。《乾》以易知，《坤》以简能。易则易知，简则易从。易知则有亲，易从则有功。有亲则可久，有功则可大。可久则贤人之德，可大则贤人之业。易简而天下之理得矣。（《系辞上》一章）

孟子说"良知良能"，从人性本身内部言。《易传》说"易知易从"，从宇宙外面言。宇宙大自然真理，其昭示于人的，极易知，极易从，因此人人可知，人人可从。亦必须人人可知可从，始得为人生之大德，始得为人生之大业。此乃主张"知识"与"道德"之大众化、平民化，还是孟子传统。只在说法上，采用了庄老立场，从宇宙界说起，不从人生界说起。《中庸》亦抱同一立场，故说：

> 君子之道费而隐，夫妇之愚可以与知焉。及其至也，虽圣人亦有所不知焉。夫妇之不肖，可以能行焉。及其至也，虽圣人亦有所不能焉。（《中庸》十二章）

又说：

> 道不远人，人之为道而远人，不可以为道。_{老子曰："道大曰逝，曰远。"又曰："天下皆谓我道大似不肖。夫唯大，故似不肖，若肖，久矣其细矣。"老子意中之所谓道，必大而远，《中庸》书中之道，则在日}

常细微处，切近人生。（《中庸》十三章）

故曰：

君子尊德性（此即良知良能，人人所与知与能者。）而道问学（此则圣人犹有所憾者。），致广大（人人与知与能，）而尽精微（圣人犹有所不知不能。），极高明（此即及其至处）而道中庸。（此即行远自迩，登高自卑。）（《中庸》二十七章）

这依然是孔子所谓"下学而上达"。老子必谓众人不知不能，是其偏知不仁处。《易传》《中庸》必谓人人与知与能，是其仁知兼尽处。

我们若把西方的哲学观点来衡量批评庄老与《易传》《中庸》，则他们都是主张根据宇宙界来推及到人生界的。庄老的宇宙论，不信有一创造此宇宙的上帝，亦不信人的智慧可以主宰此宇宙，可说是近于"唯物"的。但他们对物的观念，注重在其流动变化，可说是一种"气化的一元论"。《易传》《中庸》并不反对此观点，只从天地万物之流动变化中，指出其内在固有之一种性格与特征，故说是"德性一元论"。此种德性一元的观点，实为中国思想史中之特创。《易传》《中庸》即运用此种德性一元的观点来求人生界与宇宙界之合一，即中国思想史里之所谓"天人合一"，因此《易传》《中庸》不失为儒家孔孟传统，而终与庄老异趋。

对于天地自然一切事象的看法，《易传》《中庸》复与庄老有一根本的歧异点。庄老都认为宇宙间一切事象，全是对立的。《易传》《中庸》则不同。他们似认为一切对立，都不是截然的。在对立的两极端之间，还有一段较长的中间过程。我们若不忽过此一段中间过程，则此对立的两极端，只是此一体之两端而已。换言之，只如一条线上之两点。如是则两极端并不对立，并不相反，而是彼此相通，一以贯之的。如是则一切对立的矛盾，全可统一，而且并不要在超越此两极端之对立之外之上来求统一，可即在此对立的矛盾之本身中间求得了统一。此两端，即从其相互接触的中间过程而消失了他们对立的矛盾，而融和成为一体。这即是儒家之所谓"中道"。这一新观点，也是在庄老强调了"宇宙事象是一切相对立的"这一观念之后而始提出的。《易传》说：

> 《易》之为书也，原始要终以为质也。六爻相杂，唯其时物也。其初难知，其上易知，本末也。初辞拟之，卒成之终。若夫杂物撰德，_{杂聚天地之物而计量其德。}辨是与非，则非其中爻不备。（《系辞下》九章）

此说人生界一切事理，主要的不在两头，_{本末始终}而在其中段。我们须认识得此中间过程而应付得宜，始可本末始终，一以贯之。故说：

> 阴阳合德。（《系辞下》六章）

天下之理得而成位乎其中矣。(《系辞上》一章)

阴阳相对立，合德则成为一体。此一体当从中位看，即两极端之和合处看。《中庸》也说：

> 舜其大知也与？舜好问而好察迩言，隐恶而扬善，执其两端，用其中于民，其斯以为舜乎？(《中庸》六章)

善与恶，贤与不肖，此是两端。我们若专从两端看，则善、恶对立，贤、不肖异类。一边是尧、舜，一边是桀、纣。同在一人群中，自相冰炭。但我们若知此两极端之中间，还有芸芸众生之大群，则如《易传》所谓：

> 善不积不足以成名，恶不积不足以灭身。(《系辞下》五章)

他们既非至善，也非极恶。这是大群人之貌相。成名也不足，灭身也不足。不在善、恶之两端，而在善、恶之中间。若我们认识得此大群人之貌相，便知尧、舜、桀、纣，仍是同一人类，而非矛盾对立。因其都与此大群人相接近，相类似。有差等而非绝殊。如是我们自知人世间并无绝对的善，亦无绝对的恶。善、恶只是比较的，相对的。但宇宙自然之道是如此，而人道则当隐恶而扬善，必知小善非无益而必为，小恶非无伤而必去，人群乃有日新趋善之望。故曰：

> 回之为人也，择乎中庸，得一善则拳拳服膺，而弗失之矣。（《中庸》八章）

当知善不专在极端处，而在中庸处。"好问好察迩言"，便是舜之乐取于人以为善。"择乎中庸"，并不是教人在两极端上同样打一折扣，像庄子所说，"为善无近名，为恶无近刑"。却要我们同时把握到此两极端而认识其一以贯之的整全体。那我们自知在此整全体上由此达彼，却又不是要我们站在这一头来打倒那一头。若果站在这一头来打倒那一头，这即是《论语》所谓"攻乎异端，斯害也已"。天地间不能有阳而无阴，但我们却要设法助阳长，使阴消。此即"中庸之道"，根本不认有截然两端之对立。看若对立，而其间实有一相通相和之中性存在。此中性并非反自然，而成为人道之至善。故曰：

> 君子和而不流，强哉矫。中立而不倚，强哉矫。（《中庸》十章）

中处即是其和处，即是此两极端之交互通达而合一处。《中庸》说：

> 天地之大，人犹有所憾。（《中庸》十二章）

人若要站在任何一极端上，则实无此一极端可站。至恶不论，即至善实亦无此极端。试问天地是否算得上至善？除却像西方宗教里的上帝是至善以外，便只有中庸之道可算得至善。因为中庸之道，是：

庸德之行，庸言之谨。(《中庸》十三章)

只在一点一节小处上计较，步步走向善的一边，此事愚夫愚妇都能。但要走到至善极端，此则大圣大贤亦不足。纵是桀、纣，亦何尝穷凶极恶，绝无丝毫与尧、舜相似处？此亦只有撒旦与上帝才是站在善、恶的两端，《易传》里的阴阳观念便绝不同。

论善恶如此，论是非亦然。是与非也不是截然对立之两敌体。但我们必要在此浑然一体中明辨是非，所以需要博学、审问、慎思、明辨、笃行。若天地间早有此两种截然对立之是与非，则站在是处了便绝没有非，站在非处了又更不能有是。岂不省力？岂不易辨？无奈天地间并无这样截然对立的是非。若使有，则在其终极处。所谓"其初难知，其上易知"。人类则只有永远下学而上达，永远在过程中。所以《易》卦终于《未济》。若站在终极处，则天地灭绝，更无演进，更无变化。所以就理论上言，应该求出此两极端；就实践上论，则很难遇见此两极端。所以说"执其两端，用其中于民"。用即是实践。在人世间的实践，则既非上帝，也非魔鬼，善恶是非之辨，往往是中间过程之相对，而非两极之绝对。如是则理论与实践也便自成为两极端。我们仍须执两用中，把理论与实践之

一七　易传与中庸　　99

两极端中和起来，一以贯之。这是儒家中庸的辩证法。此理论骤然极难说得明白，但人人却不知不觉地都在照此中庸的辩证法实践。我们应该使人明白这一番他们自己早在实践着的理论。但若小人（知识短浅人）闻此理论，便谓天地间既无截然相反的善恶是非，善恶是非还是相通的一体，如此我们又何必再博学、审问、慎思、明辨、笃行，得一善则拳拳服膺弗失呢？故曰：

君子之中庸也，君子而时中，（可离非道，戒慎恐惧。）小人之中庸也，小人而无忌惮也。（从庄老认入，很多便走上了无忌惮。）（《中庸》二章）

我们若把《易传》《中庸》这一番理论，较之庄老道家所言，不能不说是又进了一步。其实《易传》《中庸》里此等思想，在《论语》《孟子》中均已说及，只是引而未发，必得经过庄老道家一逼，始逼出《易传》与《中庸》来。《易传》与《中庸》的作者，从来也没有人知道。可见孔、孟、庄、老，纵是大智大慧，还有许多不知名人和他们比肩相次。（老子也便是一不知名人。）智愚似对立而亦非对立，岂不又是儒家中庸辩证法的一个当面例证吗？而且若用思想史的眼光来看，我们又如何定说孔孟是而庄老非呢？因为由孔孟才生起庄老，由庄老才引出《易传》与《中庸》，都非截然的，都是相通的，都在一过程中，这又不是儒家中庸辩证法一当面的例证吗？

一八　大学与礼运

中国思想,自始即偏重在人生界,因此对政治问题,普遍异常重视。但上文所述,对各家政治思想,均未能详细阐说,此刻当提出《大学》一书,为儒家政治思想之代表。旧说《易传》乃孔子作,《中庸》乃子思作,《大学》则出于曾子。其实《易传》《中庸》《大学》,同为秦、汉之际几部无主名的作品。而《大学》也如《易传》《中庸》般,同为后来中国思想界所尊重与传述。

《大学》与《中庸》,同是两篇短文,收集在西汉流行的《小戴礼记》中。惟《大学》专论人事,不涉天道。此书有三纲领八条目。他说：

> 大学之道,在明明德,在亲民,在止于至善。

此是《大学》三纲领。又说：

> 古之欲明明德于天下者，先治其国。欲治其国者，先齐其家。欲齐其家者，先修其身。欲修其身者，先正其心。欲正其心者，先诚其意。欲诚其意者，先致其知。致知在格物。物格而后知至，知至而后意诚，意诚而后心正，心正而后身修，身修而后家齐，家齐而后国治，国治而后天下平。

此是《大学》八条目。此八条目中最要一条则为"修身"。亦是八条目中中间的一条。故曰：

> 自天子以至于庶人，壹是皆以修身为本。其本乱而末治者否矣。其所厚者薄，而其所薄者厚，未之有也。此谓知本，此谓知之至也。

其实三纲领：明明德、亲民、止于至善，俱是"修身"事。格物、致知、诚意、正心，亦是"修身"事。_{此即"明明德"，《易传》谓之"盛德"。}齐家、治国、平天下，仍是"修身"事。_{此即亲民，《易传》谓之大业。}地位不同，事业不同，其为"修身"则一，其为"止于至善"亦一。

何以说"致知在格物"呢？物即孟子"万物皆备于我"之物，即指万善万德。格，到达义。_{如今云及格。}人生实践，必到达此万善万德之理想标准，始是知至，始是意诚，始是心正，始是明明德。此就对内言。若就对外言，即此已是齐家、治国、平天下，已是亲民，已是止于至善了。_{如孝是明德，孝必有对象，明我之明德而孝于父母，即是亲民，即是齐家。}

《大学》的贡献，在把全部复杂的人生界，内外，_{心与行，德与业，}知与物，_{我与人。}本末，_{身与家、国、天下，个人与社会大群。}先后，举出一简单的观念与系统来统统包括了。这是人生哲学里的一元论，也还是一种德性一元论。其实也还是《中庸》之所谓"明善"与"诚身"。在这人生一元论里，政治只是一种文化事业，只是一种道德事业。国家只如家族般，只是社会大群中应有之一机构。此种社会大群，应以全人类_{即天下}为其充量至极之最高阶层。但每一个人，却在此全人类大群中各占一中心主要地位。善是人生最高理想，而善即是人心内在所固有。_{明德。}把此人心内在固有之善，发挥光大，_{明明德，即止至善，内包格物、致知、诚意、正心。}则全人类可到达一终极融和之境界。_{亲民，亦即止至善，内包齐家、治国、平天下。}而此种事业，则在每一人身上平等负担。_{修身。}此虽孔孟传统，都讲这些话，但在《大学》里才开始最简单最明朗地系统化地说出了。

连带将说到《礼运》。《礼运》也是编集在《小戴礼记》中一篇无主名的作品。大概也出在荀卿之后，秦、汉之际，同样是会通百家后的新儒家理论。这一篇文字，在前虽没有获得像《大学》《中庸》般受注意，但最近百年来的中国思想界，特别提出这一篇文章，实因其代表了古代新儒家思想之又一面。《大学》较偏重政治，而《礼运》则较偏重经济，似乎平天下更重过了治国。但都根据儒家态度，要来解决全部复杂的人生问题,而求到达一理想人生的新境界、完成一理想的人文社会之"乌托邦"这一点,《礼运》《大学》可谓是异曲同工、貌离神合的姊妹篇。他说:

> 大道之行也,天下为公。选贤与能,讲信修睦。故人不独亲其亲,不独子其子。使老有所终,壮有所用,幼有所长,矜寡孤独废疾者皆有所养。男有分,女有归。货恶其弃于地也,不必藏于己。力恶其不出于身也,不必为己。是故谋闭而不兴,盗窃乱贼而不作,故外户而不闭,是谓大同。今大道既隐,天下为家,各亲其亲,各子其子。货力为己。大人世及以为礼,城郭沟池以为固,礼义以为纪,以正君臣,以笃父子,以睦兄弟,以和夫妇,以设制度,以立田里,以贤勇知,以功为己。故谋用是作,而兵由此起。禹、汤、文、武、成王、周公,由此其选也。此六君子者,未有不谨于礼者也。以著其义,以考其信,著有过,型仁讲让,示民有常。如有不由此者,在势者去,众以为殃。是谓小康。

此把理想的人生社会分为两级。到达治国阶段的仅是"小康"世界,必待到达平天下阶段,才是"大同"世界。在治国阶段的人,终不免为己为私,化不尽家族观与国家观。必到平天下阶段,那时并不是没有家族,没有国家,但为己、为私的观念化了,变成为公、为众,这才是人生理想的至善境界之真实到达。其实这一境界，仍是人人修身、明明德、亲民、止于至善之终极后效。《礼运》思想，还是儒家思想之推衍。但提高了"道"的地位，抑低了"礼"的地位，这已融受了道家观念。"人人不独亲其亲，不独子其子"，亦已融受了墨家观念。_{从孟子"老吾老以及人之老，幼吾幼以及人之幼"，即可达此境界。《礼运》不从纯墨家观点所谓"视人之父若其父"立说，而接受其对于各爱其家不爱异家之攻击。}并颇重经济生产立场，较之荀卿仅用经济分配观点来拥护礼之效用的说法又转了一方向。这些都可指出当时思想界，调和异家别派，希望获得更高出路之一种努力。

一九　邹衍与董仲舒

思想走上调和折衷的路，已经是思想的衰象，显示没有别开生面的气魄了。但中国古代思想真实的衰象，应该从汉武帝时代的董仲舒开始。仲舒在当时，见称为醇儒，由其专据儒家古经典立说。当时的学风，显然重在左右采获，调和折衷，仲舒亦未能自外。他一面是左右采获，一面又专据古经典，不能有更高更新的创辟与发挥，于是遂成为附会。其实仲舒思想的主要渊源，只是战国晚年的阴阳家邹衍，更使仲舒思想，由附会而转入怪异，遂使此后的思想界中毒更深。

邹衍犹如惠施，著书甚富，但都失传了。惠施的书，在汉初已不见。邹衍在西汉则尚为显学，其书失传在西汉之后。

邹衍思想，今略见于司马迁《史记》，他亦想融会儒、道。他喜欢讲天文，讲地理，连讲到生物。讲古史，汪洋自恣，作荒唐无端崖之辞，近似庄子。但庄子所说是想象，是寓言，而邹衍却实有其事般像科学，像真历史，因此为世俗所重视。他讲五天帝，_{根据当时天文学金、木、水、火、土五行星之新智识。}讲大九州，_{中国九州只是大九州之一州。}讲上古五人帝，_{儒家只道尧、舜，五帝之说起于邹衍，此后又上增九皇，下列三王，其说已略见于《易传》，而为董仲舒一派所续定。}他想把天文、地理、历史用一个公式来配搭在一起。是极富想象与组织精神的。他在古代学派中被目为阴阳家。他既勇于想象，巧于组织，但漫衍失其真义。他的一支派遂流为神仙方士。直到近代，中国下层社会种种医、卜、星、相都与阴阳家有关，都可纳入邹衍传统。

邹衍学说之最大影响，在其重建古代天帝的旧信仰。但他别创新说，认为天帝有五，_{青、黄、赤、白、黑。}循环用事，以之配合四方与五色，四时与五行，_{东方春令木德青色帝，南方夏令火德赤色帝，西方秋令金德白色帝，北方冬令水德黑色帝，中央土德黄色帝。}一切人事、物理、天象，都用金、木、水、火、土五行相生相克之理来解释。宗教、自然科学与人文历史，杂投一锅，做成大杂脍。这一派说法所给与后代中国思想界的潜势力与恶影响，实在太大了。最要的是他们的尊神论，其次是他们的尊君论，又其次是他们的比合附会的思想方法而引生起后代种种的迷信与假科学。此书篇幅所限，却不能替他们做详细的叙述。

董仲舒在百家庞杂中独尊孔子，颇似荀卿，但他承袭邹衍，来讲天人相应。他说：

> 圣者法天，_{此承邹衍。}贤者法圣，_{此承荀卿。}《春秋》善复古，讥易常，欲其法先王也。然而介以一言曰王者必改制。辟

一九　邹衍与董仲舒　107

者得此以为辞,曰:"古苟可循,先王之道何莫相因?"_{此指如韩非之徒。}此闻其名不知其实也。所谓新王必改制者,受命于天,易姓更王,非继前王而王也。受命之君,天之所大显也。今天大显已物,袭所代而率与同,则不显不明,非天志。故必徙居处,更称号,改正朔,易服色,_{此承邹衍。}若其大纲人伦道理政治教化习俗文义尽如故,亦何改哉?_{此承荀卿。}故王者有改制之名,无易道之实。(《春秋繁露·楚庄王》)

又曰:

《春秋》之法,以人随君,_{此承荀卿。}以君随天。_{此承邹衍。}(《春秋繁露·玉杯》)

又曰:

上通五帝,下极三王,以通百王之道,_{此承荀卿。}而随天之终始。_{此承邹衍。}博得失之效,而考命象之为极理,以尽情性之宜,则天容遂矣。_{此承邹衍。}百官同望异路。一之者在主,率之者在相。_{此承荀卿。}(《春秋繁露·符瑞》)

荀卿是儒家之逆转。儒家所重在人之情性,_{孟子曰:"圣人先得我心之所同然耳。"}荀卿则抑低人性,_{性恶。}来尊圣法王。邹衍是道家之逆转。道家所重在天地自然之法象,_{老子曰:"天法道,道法自然。"}邹衍则在自然法象

108　中国思想史

之后面寻出五位有意志、有人格之天帝。_{一切自然法象，皆由此五天帝发号施令。}荀卿、邹衍各走极端，_{荀卿主以人胜天，邹衍主以人随天。}而董仲舒则想综合此两家。于是天并非自然，并非法象，而确然为有人格、有意志的天帝。_{但天帝有五，他们亦遵循自然法象而更迭当令。于是后人又要在五天帝上增设一昊天上帝。}在地上代表此天帝的则为王者。_{受命之王。}此将转退到春秋以前之素朴观念。董仲舒又想抑低王者地位来让给圣人，于是孔子成为"素王"，_{无冕之王，无王者之位，而有王者之道。}《春秋》成为"为汉制法"之书。_{李斯、韩非主张以吏为师，以时王法令为学。西汉儒者变其说，主张以儒为师，以《春秋》为法令，即以《春秋》为学。}把尊圣尊法来代替邹衍尊天帝尊人王的旧观念，此在思想史上还是有挽救，有贡献。但在思想方法上，依然不能与邹衍割席。于是西汉学风，转入拘牵迂怪，以经典注释来代替思想，以事象比附来代替证据，这是一大病害。但邹衍思想到底转不成宗教，_{此受道家影响。}荀卿思想也走不上帝王专制，_{此受儒家影响。}于是董仲舒一派的西汉经学，终于要转归"内圣外王"之最后目的，即以圣人来做新王。于是从《公羊春秋》促成王莽禅让，但于中国思想史上所要解决的大题目终是无所贡献。

二〇　王充

此种由邹衍、董仲舒相传,把天人古今,配搭比附,纠缠不清的模糊观点,到王莽时代而弊病襮著,思想界急于要脱出此陷阱,来澄清一切氛雾,首先起来做摧陷廓清工作者是东汉初年王充的《论衡》。他说:

> 《论衡》篇以十数,一言曰疾虚妄。(《论衡·佚文》)

西汉的思想界,尤其在思想方法上,自董仲舒以下,实在不免陷于虚妄,王充所首先攻击者,即是天有意志与天人相应之说。故曰:

> 天之不故生五谷丝麻以衣食人,犹其有灾变不欲以谴告人也。物自生而人衣食之,气自变而人畏惧之。(《论

衡·自然》）

其次则反对圣人先知与神同类之说。故曰：

> 所谓神者，不学而知。所谓圣者，须学以圣。以圣人学，知其非神。圣不能神，则贤之党。（《论衡·实知》）

又曰：

> 使圣人达视远见，洞听潜闻，与天地谈，鬼神言，知天上地下之事，乃可谓神而先知，与人卓异。今耳目闻见，与人无别，遭事睹物，与人无异。差贤一等耳，何以为神而卓绝？（《论衡·知实》）
>
> 夫贤圣者，道德智能之号。神者，眇茫恍惚无形之实。实异，质不得同。实钧，效不得殊。圣神号不等，故谓圣者不神，神者不圣。（《论衡·知实》）

天地自然，圣与贤类，不与神等，此在春秋战国，实属寻常共是之说。惟自邹衍、董仲舒以下，天有五帝，孔子亦神化，则王充此种见解，实不得不认为当时豁蒙抉瞽之伟论。

其三，王充又深斥是古非今之偏见，故曰：

> 上世治者，圣人也。下世治者，亦圣人也。圣人之德，

前后不殊,则其治世古今不异。(《论衡·齐世》)

孟子曰:"先圣后圣,其揆一也。"惟汉儒神化了孔子,乃若千古遥遥,惟出一圣。王充此论,于昔为常谈,在当时亦成创见。又曰:

> 上世何以质朴,下世何以文薄?彼见上世之民,饮血茹毛,无五谷之食。后世穿地为井,耕土种谷,饮井食粟,有水火之调。又见上古岩居穴处,衣禽兽之皮,后世易以宫室,有布帛之饰。则谓上世质朴,下世文薄矣。(《论衡·齐世》)

此说亦足解庄老鄙薄文化颂赞上古自然之蔽。然王充私心所宗,实在黄老。故曰:

> 说合于人事,不入于道意,从道不随事,虽违儒家之说,合黄老之义也。(《论衡·自然》)

又曰:

> 夫论不留精澄意,苟以外效立事是非,信闻见于外,不诠订于内,是用耳目论,不以心意议也。夫以耳目论,则以虚象为言。虚象效,则以实事为非是。故是非者,

不徒耳目，必开心意。墨议不以心而原物，苟信闻见，则虽效验章明，犹为失实。失实之议难以教，虽得愚民之欲，不合知者之心，丧物索用，_{溺丧于外物以求用也。}无益于世，此盖墨术所以不传也。(《论衡·言毒》)

墨子论学有"三表"，上本之上古圣王之事，下原察百姓耳目之实，发以为刑政，观其中国家百姓人民之利。此三者，皆为王充所不取。上古圣王之事载于历史，亦犹当前百姓耳目之实，皆徒赖见闻，须能留精澄意，诠订于心，始可得其实际之意义。若仅求其说可资利用，而不追问其虚实，则势将转认实事为非是。王充极反此种态度，故曰"宁从道，不随事"。这是说功利观点不足为真理之标准。墨子根据三表而信有天志，有鬼，邹衍思想颇与墨子有渊源，儒家自董仲舒以下，亦折与同流，王充力反时趋，独尊黄老，正为黄老一主天地自然，最不信鬼神上帝之说，王充捉紧这一点，遂开此下魏、晋新思想之先河。

二一　魏晋时代

两汉思想，董仲舒是正面，王充是反面，只此两人，已足代表。董仲舒上承邹衍，王充则下开魏、晋。魏、晋人在中国思想史上之贡献，正为其能继续王充，对邹、董一派天人相应，五行生克，及神化圣人等迹近宗教的思想，再加以一番彻底的澄清。

二二　王弼

王充只是魏、晋新思想的陈涉、吴广，若论开国元勋，该轮到王弼。王弼在这一时期思想史上的大勋绩，在其能确切指出前一时期思想界所运用的方法上之主要病根，而在正面提出另一新观点，好作此下一时期新思想之主要泉源。

王弼是一个卓绝天才，在他短短的生命过程中，_{弼卒时年二十四。}注了一部《周易》，一部《老子》。他注《周易》提出两个极重要的观点。他说：

> 象者，出意者也。言者，明象者也。尽意莫若象，尽象莫若言。言生于象，故可寻言以观象。象生于意，故可寻象以观意。意以象尽，象以言著，故言者所以明象，得象而忘言。象者所以存意，得意而忘象。存言非得象者也。存象非得意者也。象生于意而存象焉，则所存者

乃非其象也。言生于象而存言焉，则所存者乃非其言也。然则忘象者，乃得意者也。忘言者，乃得象者也。（《周易略例·明象》）

"象"之一字由老子首先提出，《易传》本之大加发挥，汉儒沿此入迷，认为天地间一切之象莫不有甚深甚秘之意义，于是说符瑞，说灾异，好像真有一天帝在显象诏告人，而《易经》遂变成一部发现天地奇秘的、可以前知一切人事的圣书。其实《易经》里的卦象，只是作《易》者凭以说出其心中作意的一项工具。我们研究《易经》，所贵在透过此种卦象来明了作《易》者之本意。所以王弼说：

《易》者象也，象之所生，生于义也。（《易·乾卦·文言》）

即就天地间自然之象言，其本身亦并无意义存在。天地只是一自然，其所具之意义，乃由观象者心意中生出，而赋予之于外象。即如老子所云天地间之种种对立，其实也是人心中有此一对立的观念，再指点出许多外象来藉为说明。_{详在《易传·中庸章》。}因此天地间一切事理，实皆出在人心意中而不在外面的象上。若昧却心意，而循象求之，则成为王充之所谓"虚象"。王弼说：

一失其原，巧愈弥甚，纵复或值，而义无所取，盖

存象忘意之由也。(《周易略例·明象》)

以上引的是王弼论《易》象,下面再引王弼论《易》数的一节话。王弼说:

> 变者,情伪之所为也。夫情伪之动,非数之所求也。故合散屈伸,与体相乖。形躁好静,质柔爱刚,体与情反,质与愿违。巧历不能定其算数,圣明不能为之典要,法制所不能齐,度量所不能均也。故苟识其情,不忧乖远,苟明其趣,不烦强武。能说诸心,能研诸虑,睽而知其类,异而知其通。故有善迩而远至,命宫而商应,修下而高者降,与彼而取此者服矣。是故情伪相感,远近相追,爱恶相攻,屈伸相推,见情者获,直往则违。(《周易略例·明爻通变》)

这是说人生界一切变动,其主因在乎人之情伪。此种情伪之变,决非数理所能穷,算法所能得。用近代语说,数理只能发明物理,不能推算人情。而人事变动,则主要在人情,不在物理。汉儒误认人事决定于天心,于是希望从自然界一切表象中,运用数理来推算出种种的预兆。汉儒都好用天文、历法、音乐以及其他一切数字来推验人生之变。这本是一大错误。两汉学风,总想根据宇宙界来推验人生界,于是运用象数之学来推验宇宙,《易经》便成为他们前知的圣书,为他们的最高哲理。现在王弼把人生本身的出发点

二二 王弼

"情""意"二字来替换出象数。若要推究人生界一切变化，树立人生界一切义理，应该从认识了解人生本身内部之情意入手，不该在天地自然界外面的象数上空摸索。这是何等直截了当，亲切而明快的意见？只此两节话，不仅把汉儒全部的《易》学研究法变换了，而且把当时整个关于人生界的思想方法和理论根据都彻底翻转了。这焉能不说是王弼的大贡献？从先秦以来，像名、墨两家，用名辨演绎来推定真理，像邹衍、董仲舒用天地法象来窥探真理，就中国传统思想言，都靠不住，都该纠正。王弼在此方面，可说是站在中国传统思想里的正宗地位的人。西方哲学界，也曾有人想把象数之理来抉发宇宙秘奥，再由之启示出人生真理的，而且亦不在少数。王弼的理论，实该可以提供作人类思想史上一个值得探讨的问题呀！

在王弼思想里，想把宇宙观回归到庄老，而把人生观则回归到孔孟。《易·乾卦·象》曰："时乘六龙以御天，乾道变化，各正性命。"王弼注：

> 天也者，形之名也。健也者，用形者也。（《易·乾卦·象》王弼注）

此处简捷肯定地说，天只是形之名，便把邹、董以来两汉阴阳、儒家杂糅的五天帝说一笔勾销了。天只是一"形"，而用形者是"健"，"健"是一种德性。德性为主，故能用形。形体为从，故只被用。这是深合于儒家德性一元论的观念的。

《晋书》王衍传说：

> 魏正始中，何晏、王弼等祖述老庄立论，以为天地万物皆以无为本。无也者，开物成务，无往而不存者也。阴阳恃以化生，万物恃以成形，贤者恃以成德，不肖恃以免身。（《晋书·列传第二十三·王衍传》）

其实何晏、王弼之所谓"无"，皆本老子，即指"道"言，即指"自然"言。乃指此道之自然，在道外更无一主宰运使此道者。如天帝。何晏、王弼只针对当时的思想界而提出他们的一种新宇宙论，一种无天帝主宰的自然宇宙论，并非虚无主义。王弼云：静非对动，寂然至无，是指"无为"言，不指"无有"言。但牵涉到人生论，则何晏、王弼意见又异。何晏尝谓"圣人无喜怒哀乐"，王弼则与晏持异见。他说：

> 圣人茂于人者，神明也。同于人者，五情也。神明茂，故能体冲和以通无。五情同，故不能无哀乐以应物。然则圣人之情，应物而无累于物者也。今以其无累，便谓不复应物，失之多矣。（《三国志·魏书·钟会传》裴松之注）

何晏主圣人无情，近道家。王弼主圣人有情，近儒家。德性正从情见。有情而不害其无累，故王弼常盛赞刚德。其注《易》

有曰：

> 成大事者必在刚。
>
> 阳，刚直之物也。夫能全用刚直，放远善柔，非天下至理，未之能也。(《乾卦·文言传》注)

又曰：

> 用纯刚以观天，天则可见矣。(《乾卦·文言传》注)

孔子尝说"枨也欲，焉得刚"，又说"刚毅木讷近仁"。孟子说"浩然之气至大至刚以直"。儒尚刚，道尚柔。王弼谓圣人有情无累，累由欲生，不由情起。应物非有为。此等处发挥儒理极精辟。裴徽谓王弼曰："无者，诚万物之所资，然圣人莫有致言，而老子申之无已者何？"王弼曰：

> 圣人体无，无又不可以训，故不说也。老子是有者也，故恒言无，所不足。(《三国志·魏书·钟会传》裴松之注)

此处评老子"是有"，可谓中肯破的之语。老子实是一精于打算的人，他以有为为目的，以无为为手段。孔子始是无所为而为，绝无作为作用存其心中，才始是一个刚者。王弼并不认老子为圣人，其注《老子》，颇持异见，凡《老子》书中权谋术数之意，弼注皆不取。

中国思想史在后代所常用的"体用"二字，其先亦起于弼之《老子注》。其说曰：

> 大之极也，其唯道乎！自此以往，岂足尊哉。故虽盛业大富而有，万物犹各得其德。虽贵以无为用，不能舍无以为体也。不能舍无以为体，<small>下不能二字疑衍。</small>则失其为大矣。所谓失道而后德也。（《老子》三十八章注）

此言虽天地圣王，盛业大富有，然不害其下万物之各得其德。老子言"以无为用"，王弼则言亦"不能舍无以为体"。此即后人所谓体用一源也。王弼意，孔子能以无为体，而老子是有者，则岂不将舍无以为体乎？以无为用故有得，然舍无为体，则成为失道而德矣。老子曰：

> 三十辐共一毂，当其无，有车之用。埏埴以为器，当其无，有器之用。凿户牖以为室，当其无，有室之用。故有之以为利，无之以为用。（《老子》十一章）

是老子言无之用也。然不能舍弃其凭藉无以为用之一观念，是其不能"体无"也。弼注又曰：

> 载之以大道，镇之以无名，则物无所尚，志无所营，

各任其贞，事用其诚，则仁德厚焉，行义正焉，礼敬清焉。
(《老子》三十八章注)

则在弼之意，固非不主有仁德行义礼敬也。其用"贞"字"诚"字，皆从《易传》《中庸》来。是弼虽注《老》，仍本儒义。其答裴徽之问，非姑焉苟焉而已也。

故弼之注《老》，常见有申儒义而违《老》书之原旨者。如《老子》曰：

生而不有，为而不恃，长而不宰，是谓元德。(《老子》十章)

王弼注说之曰：

不塞其原，则物自生，何功之有。不禁其性，则物自济，何为之恃。物自长足，不吾宰成，有德无主，非元而何。凡言元德，皆有德而不知其主，出乎幽冥。(《老子》十章注)

此注实用儒家义，即是一种德性一元论。谓一切物之生与为与长，皆出物之自性自德也。而《老子》书之原义，则言圣人以道治国，生之、为之、长之。双方意见绝不同。后人释《老子》此条，亦绝少用王弼义。《老子》又曰：

天地不仁，以万物为刍狗。(《老子》五章)

王弼注说之曰：

天地任自然，无为无造，万物自相治理，故不仁也。仁者必造立施化，有恩有为。造立施化，则物失其真。有恩有为，则物不具存。物不具存，则不足以备载矣。(《老子》五章注)

又曰：

弃己任物，则莫不理。(《老子》五章注)

此皆王弼自申其"以无为体"之义。以无为体，故能弃己任物也。其实弃己任物非不仁，此是王弼义，非《老子》义。惜乎后人乃少能辨之者。王弼又注"上德不德"数语云：

天地虽广，以无为心。圣王虽大，以虚为主。故曰：以复而视，则天地之心见。至日而思之，则先王之至睹也。故灭其私而无其身，则四海莫不瞻，远近莫不至。殊其己而有其心，则一体不能自全，肌骨不能相容。是以上德之人，唯道是用。不德其德，无执无用，故能有德而无不为。不求而得，不为而成，故虽有德而无德名也。(《老

子》三十八章注）

此云"灭其私而无其身"，即孔子"克己复礼为仁"之旨也。其曰"不德其德，无执无用"，即孔子之称舜禹"有天下而不与"，又曰"巍巍乎唯天为大，唯尧则之，荡荡乎民无能名"之义也。其引《易·复卦》，弼之注《易》详言之，曰：

> 复者，反本之谓也。天地以本为心者也。凡动息则静，静非对动者也。语息则默，默非对语者也。然则天地虽大，富有万物，雷动风行，运化万变，寂然至无，是其本矣。

（《易·复卦》王弼注）

老子讲对立，为王弼所不取。老子讲"有之以为利，无之以为用"，而王弼讲"无用"，"无用"非"以无为用"也。老子讲道，言用不言体，而王弼则曰"道体无"。老子言"道生一"，而王弼必曰："何由致一，由于无。"王弼必提出一"无"字在"道"字之上，此乃针对两汉儒生采阴阳家言五天帝之谬妄而特加以纠矫。而其注《老子》，则往往润色之以儒义。宋儒晁说之谓弼深于《老子》，"其于《易》，多假诸《老子》之旨，而《老子》无资于《易》者"，此恐为皮相之见。因《易传》本出《老子》后，故有假《老子》之旨者。至王弼注《老》，实多采其注《易》之义，换言之，乃是以儒家言注《老》也。惜早死，未见其学之所止。

二三　郭象与向秀

王弼注《老》，郭象注《庄》，后世推为道家功臣，其实他们两人思想绝不同。若谓郭象注《庄》亦有贡献，则只在其反覆发挥魏、晋时代那一种无神的、自然的新宇宙观之一端。他说：

> 天籁者，岂复别有一物哉？即众窍比竹之属，接乎有生之类，会而共成一天耳。无既无矣，则不能生有。有之未生，又不能为生，然则生生者谁哉？块然而自生耳。自生耳，非我生也。我既不能生物，物亦不能生我，则我自然矣。自己而然，则谓之天然。天然耳，非为也，故以天言之。以天言之，所以明其自然也。岂苍苍之谓哉？故天者，万物之总名也。莫适为天，谁主役物乎？故物各自生而无所出焉，此天道也。（《齐物论》注）

此释"天"与"自然"极明晰。"天"仅是万物之总名，非别有一物为天。万物之生皆由"自然"。即自己而生，亦并无一出生万物之天。此说涵有两义：一则天地万有皆自然生，由"自然"生，并非由"无"而生；二则"自然"即是"无为"，故天地万有之体，乃无为，非无有。此义郭象乃承之王弼，而较弼所言尤明晰。郭象本此而说造化与造物者，其言曰：

> 夫造物者，有邪？无邪？无也，则胡能造物哉？有也，则不足以物众形。故明众形之自物，而后始可与言造物耳。故造化者，无主而物各自造，物各自造而无所待焉，此天地之正也。故彼我相因，形景俱生，虽复玄合，而非待也。明斯理也，将使万物各反所宗于体中，而不待乎外。外无所谢，而内无所矜，是以诱然皆生而不知所以生，同焉皆得，而不知所以得也。则万物虽聚而共成乎天，而皆历然莫不独见矣。（《齐物论》注）

若谓物生必有待，则所待者又有待，其最后必待一造物主，而此造物主又何由生？若谓造物主亦一物，^{即有}则必仍有其所待。若谓造物主并非一物，^{即无}则无不能生有。谓万物生于一非物，^{即上帝}不如谓万物之各自生，即生于"自然"。此义至郭象始阐释详尽。郭象意见，并不与庄老相同。庄老皆重言"道"，王弼继之言"道体无"，故郭象乃专言"自然"。故曰：

> 谁得先物者乎哉？吾以阴阳为先物，而阴阳者即所谓物耳。谁又先阴阳者乎？吾以自然为先之，而自然即物之自尔耳。吾以至道为先之矣，而至道者乃至无也。既以无矣，又奚为先？然则先物者谁乎哉？而犹有物无已，明物之自然，非有使然也。(《知北游》注)

此处阐述自然更畅透。老子"有物先天地"，似认确有一所谓"道"者，先天地而存在。王弼始言道体为无，故郭象曰"至道为至无"。既属至无，则不得先天地而存。故曰：

> 非唯无不得化而为有也，有亦不得化而为无矣。是以夫有之为物，虽千变万化，而不得一为无也。不得一为无，故自古无未有之时而常存也。(《知北游》注)

此等处，较之王弼，显进一层。虽曰注《庄》，实是自立己说。又曰：

> 有之未生，以何为生乎？故必自有耳。岂有之所能有乎？此所以明有之不能为有而自有耳，非谓无能为有也。若无能为有，何谓无乎？(《庚桑楚》注)

依郭象之意，天地间惟是一常有，绝无所谓无。而"有"不能生"有"，苟"有"必待"有"而生，则最先之"有"复何

二三 郭象与向秀　　127

待？故"有"不能为有而自有，如是则天地永为一自然。此种说法，可谓是郭象之创解。<small>其实乃袭自王弼，又袭自裴颜之《崇有论》。</small>故曰：

> 一者，有之初，至妙者也。至妙故未有物理之形耳。夫一之所起，起于至一，非起于无也。然庄子之所以屡称无于初者，何哉？初者未生而得生，得生之难而犹上不资于无，下不待于有，突然而自得此生矣。（《大地》注）

又曰：

> 道故不能使有，而有者常自然也。（《则阳》注）

又曰：

> 此皆不得不然而自然耳，非道能使然也。（《知北游》注）
> 物所由而行，故假名之曰道。（《则阳》注）

故庄老贵言道，王弼言道体无，郭象皆所不取。郭象之所贵只曰"有"，曰"自然"。把"道"与"自然"分别了。但庄老言道，其背后尚有一历史演变。惟庄老意态消极，故其言变乃多退而少进。今如郭象之言自然，乃无历史演变性寄寓在内，此则郭象意态浅薄之一征。

然郭象虽不贵言"道"，而颇爱言"理"。盖言"道"，则若在事先，有使然之义。言"理"，则在事中，在事与事之间。言"理"不害"自然"，故郭象喜言之。其言曰：

> 人之生也，形虽七尺，而五常必具，故虽区区之身，乃举天地以奉之。故天地万物，凡所有者，不可一日而相无也。一物不具，则生者无由得生。一理不至，则天年无缘得终。然身之所有者，知或不知也。理之所存者，为或不为也。故知之所知者寡，而身之所有者众。为之所为者少，而理之所存者博。（《大宗师》注）

此段陈义亦精。盖天地间物理皆相通，一物之所赖以生者，其理之所存甚博。物自不知，亦并不由其物之所自为。其出于知与为者常少，其存于无知与不为者常多。故曰：

> 知人之所为者有分，故任而不强。知人之所知者有极，故用而不荡。故所知不以无涯自困，则一体之中，知与不知，暗相与会而俱全矣。（《大宗师》注）

庄老言道德，王弼亦言道德，惟采儒家义。而郭象则只言自然。乃谓凡天地间一切事物，成于有知而为之者常少，成于无知而自然者常多。推此义极言之，则殊不能无病。其言曰：

> 天者，自然之谓也。夫为为者不能为，而为自为耳。

二三　郭象与向秀　　129

为知者不能知，而知自知耳。自知耳，不知也。不知也，则知出于不知矣。自为耳，不为也。不为也，则为出于不为矣。为出于不为，故以不为为主。知出于不知，故以不知为宗。故真人遗知而知，不为而为，故知称绝而为名去。（《大宗师》注）

此主绝知去为，一顺自然，显与庄老原旨不同。庄老所言，实切人生，惟偏陷于消极。郭象之意，则难凭守。自然之理，洵非人所能尽知，亦非人所能尽为，然人生亦岂能一切绝知去为而纯任自然？郭象曰：

物理无穷，故知言无穷。然后与物同理。（《则阳》注）

此义大可商。物理固无穷，然言理者不必无穷，只求其切于当身人事而止，即郭象所谓"知与不知暗相会"而已得。若必为无穷之言，则必无言而后可。自然中自有"知"与"为"与"言"，人生宁必绝知、去为、无言始得谓自然？郭象又曰：

物无不理，但当顺之。（《知北游》注）

此意亦有病。天地间固无无"理"而存在之物，然人生亦不能尽顺外物之一切存在而存在。应自有所得，自有所主。且顺理亦待人之知与为，绝知去为而一以"顺"为主，非人生之所睎。郭象又曰：

> 物之生也，非知生而生也，则生之行也，岂知行而行哉？故足不知所以行，目不知所以见，心不知所以知，俯然而自得矣。迟速之节，聪明之鉴，或能或否，皆非我也。故捐聪明，弃知虑，魄然忘其所为而任其自动，故万物无动而不逍遥也。（《秋水》注）

又曰：

> 足能行而放之，手能执而任之，听耳之所闻，视目之所见，知止其所不知，能止其所不能，用其自用，为其自为，恣其性内而无纤芥于分外，此无为之至易也。（《人间世》注）

就郭象义，逍遥即自然，自然即放任，放任即无知无为，此岂庄周论逍遥之原旨？其曰"恣其性内"，而郭象实不知性。大抵郭象就宇宙论立场发挥"自然"涵义，有其透切明快处，然已不及庄老之深至。及其推及到人生论上来运用"自然"涵义，则更不免过分偏陷。虽亦是推广引申庄老之所说，然庄老实不如郭象之极端。郭象曰：

> 以其知分，故可与言理也。（《秋水》注）

此语甚是。人生亦占有大自然中之一分，人生自有人生之理，顺人生之理，亦尽可不害于自然，却不能专就大自然无穷之理来抹杀了人生有限之理。郭象好言理，而仍误于"不知分"。

故郭象言人生，亦处处与庄子违异。庄子言人生，实有他一套细密工夫，亦有他心中所祈求的一番理想境界，而郭象则把这些工夫与境界都抹杀了。他说：

> 其理固当，不可逃也。故人之生也，非误生也。生之所有，非妄有也。天地虽大，万物虽多，然吾之所遇适在于是，则虽天地神明，国家圣贤，绝力至知而弗能违也。故凡所不遇，弗能遇也。其所遇，弗能不遇也。凡所不为，弗能为也。其所为，弗能不为也，故付之而自当矣。（《德充符》注）

此乃成为一种极端的委天顺运的悲观命定论，近于王充，而绝非庄周之本意。庄子在人生消极处不得已处，如死、如恶疾之类。常有此一种说法；然把消极处不得已处一切委付于天于命，正要人在理想可能处、积极处下工夫。若一切委付于自然，只要存在的，都是合理的，而且不可逃，如是则有自然无人生，有遭遇无理想，有放任无工夫，决非庄子本意。《庄子》内篇七篇，如《逍遥游》《齐物论》《养生主》《人间世》《德充符》《大宗师》《应帝王》，即观篇题，都知有一番细密工夫，又求能到达一种理想境界，并非纯任自然。何尝如郭象心中所想，一切付之自然而即当？郭象又曰：

> 夫我之生也，非我之所生也，则一生之内，百年之中，其坐起行止，动静趣舍，情性知能，凡所有者，凡所无者，凡所为者，凡所遇者，皆非我也，理自尔耳，而横生休戚于其中，斯又逆自然而失者也。（《德充符》注）

此处只认有"理"，不认有"我"，乌可谓之"知分"。庄子以不幸之遇推之于命，是谓达观。郭象以一切性情知能都委之于理之自然，实为一种不负责任、不求上进之颓废心理。较之庄周原书，所距不知其几千万里矣。

郭象既不认人生有工夫，亦不辨人生有境界。其言曰：

> 天地以万物为体，而万物必以自然为正。自然者，不为而自然者也。故大鹏之能高，斥鷃之能下，椿木之能长，朝菌之能短，凡此皆自然之所能，非为之所能也。不为而自能，所以为正也。（《逍遥游》注）

庄子以大鹏为逍遥，郭象则谓大鹏、斥鷃同一逍遥。依庄子当以大鹏为正，依郭象则大鹏、斥鷃各得其正。并以斥鷃为能下，朝菌为能短，皆决非庄子之意。故曰：

> 夫以形相对，则太山大于秋毫。若各据其性分，物

二三　郭象与向秀　　133

冥其极，则形大未为有余，形小不为不足。苟各足于其性，则秋毫不独小其小，太山不独大其大矣。若以性足为大，则天下之足未有过于秋毫也。若性足者非大，则虽太山亦可称小矣。故曰：天下莫大于秋毫之末而太山为小。太山为小，则天下无大矣。秋毫为大，则天下无小矣。无小无大，无寿无夭，是以蟪蛄不羡大椿，而欣然自得。斥鷃不贵天池，而荣愿以足。苟足于天然，而安其性命，故虽天地未足为寿，而与我并生，万物未足为异，而与我同得。则天地之生又何不并，万物之得又何不一哉？（《齐物论》注）

此段全用庄周语，似应无背于庄周之本旨，而实亦不然。庄周本专就人生言，人之智慧意境有大有小，然人当处其大，不当处其小。以物为譬，则人生当如大鹏，不当效斥鷃。举人为例，则人当师南郭子綦，不当安于常俗。郭象则谓：斥鷃不羡天池，荣愿已足。则变成"大知闲闲，小知间间，大言炎炎，小言詹詹"者，同一自然性足了。当知小知小言，即是在人的性分上不够格，故庄子必于人中分出至人、真人来，必如此之人，始是性足，始是大人，始可谓有得，若斥鷃之人，蟪蛄之人，可悲可怜，庄子方力斥而屡斥之。大人、至人、真人正与此等小人有异，乌得谓万物未足为异而与我同得？

如然，郭象之擅于文辞，长于言辨，于此等处，宜非不知，此乃郭象之故为曲说，以媚当世之权贵，而博一己之荣宠者。

盖庄周即是大鹏，郭象即是斥鷃，内心之惭，亦借以自解嘲。故庄子称藐姑射之神人，而郭象明非之，曰：

> 此皆寄言耳。夫神人，即今所谓圣人也。夫圣人虽在庙堂之上，然其心无异于山林之中，世岂识之哉？徒见其戴黄屋，佩玉玺，便谓足以缨绋其心矣。见其历山川，同民事，便谓足以憔悴其神矣。岂知至至者之不亏哉？（《逍遥游》注）

又曰：

> 夫圣人之心，极两仪之至会，穷万物之妙数，故能体化合变，无往不可。旁礴万物，无物不然。世以乱故求我，我无心也。我苟无心，亦何为不应世哉？然则，体玄而极妙者，其所以会通万物之性，而陶铸天下之化以成尧、舜之名者，常以不为为之耳。孰弊弊焉，劳神苦思，以事为事，然后能乎？（《逍遥游》注）

此即王弼"圣人应物而无累"之说，然郭象说此话时之背景与动机，则大有可议。《晋书·忠义传》：弘农王粹，以贵公子尚主，馆宇甚盛，图庄周于室，广集朝士，使嵇含为之赞，含援笔为吊文，曰：

二三 郭象与向秀　　135

> 帝婿王弘远，华池丰屋，广延贤彦，图庄生垂纶之象，记先达辞聘之事，画真人于刻桷之室，载退士于进趣之堂，可谓托非其所，可吊不可赞也。（《晋书·列传·第五十九章》）

又曰：

> 借玄虚以助溺，引道德以自奖，户咏恬旷之辞，家画老庄之象。（《晋书·列传·第五十九章》）

嵇含此文，说出了郭象当时之世态，与郭象之佞心。郭象乃一热中贪鄙之人，当时达官贵人，皆浮慕庄老，郭象慕贵达，故其注《庄》，觍颜昧心，曲说媚势。庄子理想境界在"逍遥游"，不得已而始有"人间世"，郭象则只想不离"人间世"而求为"逍遥游"，此已一谬。庄子以"逍遥游"意境而得"齐物论"智慧，亦以"齐物论"智慧而达"逍遥游"意境，郭象则以"齐物"混同于"逍遥"，于是大鹏、斥鷃同等齐列，是谓再谬。结果郭象自身的品德，大为当时人所鄙耻。王衍云："听郭象语，如悬河泻水，往而不竭。"但王衍终为石勒排墙杀却。郭象害了自己人品，还害了他所媚之人之事业，连带害了一世人。若真慕庄子，隐居藐姑射，做一真人，何至如此。

当时传说，郭象注《庄》窃自向秀。此说亦非无因。向秀与嵇康为友，而难嵇之《养生论》，有谓：

> 崇高莫大于富贵，富贵天地之情也，皆先王所重，关之自然，不得相外。（《难嵇叔夜养生论》）

又曰：

> 生之为乐，以恩爱相接，天理人伦，燕婉娱心，荣华悦志，滋味以宣五情，声色以达性气，此天理之自然，人之所宜，三王所不易。（同上）

以如此胸襟，如此吐属，而注《庄子》，真是可怪。史称向："为隐解，发明奇趣，振起玄风，读之者超然心悟，莫不自足一时。"其实向秀心中何尝有奇趣，向秀笔下亦何来有玄风？自曹丕、司马昭之徒，为伪尧、舜，为伪周、孔，激起阮籍、嵇康逃离名教，崇扬庄子。阮之言曰："汝君子之礼法，诚天下残贼乱危死亡之术耳。"嵇之言曰："每非汤、武而薄周、孔，又读《庄》《老》，重增其放。"此等意气，皆针对当时实际人生之一种反动，与何晏、王弼提倡老子虚无自然，以力排两汉阴阳五行学说之乌烟瘴气，为针对当时流行的天神宇宙观之一种反动，两相会合。而庄老道家遂成时髦风尚。于是热中富贵之徒，乃于伪尧舜伪周孔之外，再来做伪庄老。向秀、郭象恃其才辨，为伪庄老文过饰非，岂有不受人誉扬？史称向秀随计入洛，文帝^{司马昭}问曰："闻子有箕山之志，何以在此？"秀对曰：

> 以为巢、许狷介之士,未达尧心,岂足多慕?(《晋书·向秀传》)

试问真学庄子的哪会说此话?郭象窃其说注《庄子》有云:

> 治之由乎不治,为之出乎无为也,取于尧而足,岂借之许由哉?若谓拱默乎山林之中而后得称无为者,此庄老之谈所以见弃于当涂,当涂者自必于有为之域而不反者,斯之由也。(《逍遥游》注)

又曰:

> 若独亢然立乎高山之顶,守一家之偏尚,此故俗中之一物,而为尧之外臣耳。(《逍遥游》注)

向、郭如此曲学阿世,奖励政治人物放旷不务责任,而尊之曰尧、舜无为,此乃一种伪学。讲思想史,应该注意一种伪思想,此亦孟子所谓"知言"之学也。今向秀注已失传,而郭象注则与《庄子》并行,读者对其间异同,不可不辨。

二四　东晋清谈

东晋南渡，时代风气掩过了个人思想，日常生活掩过了文字著作。那是一个轻妙而懒散的时代。我们要了解那时人思想，应该从其生活态度及日常谈吐中找，_{主要如《世说新语》所载。}大体还是承袭西晋。一言蔽之，只是庄子思想之世俗化、富贵化，向秀、郭象佞人哲学之普遍实践，当时谈辨资料，除却《老》《庄》《易经》外，尚有几个大家喜欢讨论的问题。_{据王僧虔《诫子书》，见《南齐书》。}一是"声无哀乐论"，此论乃魏、晋间嵇康所唱。哀乐不在外面的音声，而在听乐者的心情。若照此理推演，则外面实际世界一切事物变化，可转成都不重要，重要的只在自己心怀里。无怪中原涂炭，半壁偏安，他们还有兴趣，捉麈清谈，如若无事。二是"才性四本论"，此亦魏、晋间之辩论的老题目。_{详论已无考，只知傅嘏论"才性同"，钟会论"才性合"，李丰论"才性异"，王广论"才性离"，有此四派意见。}不论东晋的名士们，对此问题的异、同、离、合抱如何的见解，要之他们看重性情，认为是先天的、本身的，看轻才业，认为是遭遇的、身外的，则可无疑。如是则人生陷入虚幻玄想，最多是一种"艺术人生"，没有"道德人生"积极向前奋斗努力的一种坚强精神。

现在姑举一例述之。据说当时诸名贤，尽都钻味《庄子·逍遥篇》，而不能拔理于郭、向之外。时有佛徒支道林，在白马寺，论及《逍遥》，为诸名贤寻味所不得，此后遂用支理。这一节记载，却说明了当时思想界之无生命，无出路，遂不得不降服于西方之佛教。支义大略如下：

> 夫逍遥者，明至人之心也。庄生建言大道，而寄指鹏鷃。鹏以营生路旷，故失适于体外。鷃以在近笑远，有矜伐于心内。至人乘天正而高兴，游无穷于放浪。物物而不物于物，玄感不为，不疾而速，此所以为逍遥也。若夫有欲当其所足，足于所足，快然有似天真，犹饥者一饱，渴者一盈，岂忘烝尝于糗粮，绝觞爵于醪醴哉？苟非至足，岂所以逍遥乎？（《世说新语·文学篇》注）

这一说，却把当时诸贤的时代病，一针见血地戳破了。郭象屡言"性足"，其实是认欲作性。一时欲望满足，快然像似天真，南渡名士之竞尚率真，其内容实如此。支公提出"无欲至足"一语，一时名贤，禁不住不低头。但仍有王坦之，重为《沙门不得为高士论》，大意谓：

> 高士必在于纵心调畅，沙门虽云俗外，反更束于教，非情性自得之谓。(《沙门不得为高士论》)

当时思想界大病，正为认性情不真切，正为其不自得，此在王弼、阮籍犹不免，遑论向、郭以下。当时人五情六欲，陷溺深了，却还要纵心调畅，不束于教，这才不得不仰待西方佛法来振救。

二五　南北朝隋唐之佛学

严格言之，南北朝、隋、唐，只是一佛学时代。除却佛学，在思想史上更不值得有多说的。佛学是外来思想，又是一种宗教。中国思想界向少与外来思想接触，又对宗教情味最淡薄，而佛学入中国，能得普遍信仰，又获长期传播，这里自有契机。第一，佛学与其他宗教不同。宗教都信外力，信天帝，佛教独崇内力、自力。佛陀只是人中之一觉者，抑且凡具此种觉者都是佛，故有十方诸佛、三世诸佛、恒河沙界诸佛等。盖以人格观念而发挥平等义者，此义独与中国传统思想相近。二则佛学依法不依人，更要不在觉者，而在其所觉之法。而其对于法性之阐明，重实践尤重于思辨，此又近似中国思想。第三，一切宗教，都偏重天国出世，佛教虽亦是一出世教，但重在对人生实相之种种分析与理解。佛学无宁是根据于其人生观而建立其宇宙观者，又无宁是出发于对人类心理之精微观察而达成其伦理的主张者。此一点又极近中国之人文中心精神。第四，佛学不取固定的灵魂观，亦不主张偏陷的唯物论，而宁采取一种流动的生命观，此层亦与中国见解大体相似。

佛学在中国之发展，大体可分为三期。一是小乘时期，以轮回果报福德罪孽观念为主，宗教气味最浓，此与中国俗间符箓祭祀阴阳巫道相配合。二是大乘时期，自释道安、鸠摩罗什以下，先空宗，自罗什尽译三论（中论、百论、十二门论），至隋代嘉祥大师吉藏而三论宗达于大成。次有宗，较迟，直到唐代玄奘、窥基而法相、唯识大盛。此以世界虚实，名相有无，为思辨之主题，重在宇宙论方面，几乎是哲学气味胜过了宗教，乃与中国庄老玄学相扶会。三为天台、贤首、禅宗，为中国僧人自己创辟之新佛学，其一切义理，虽从空、有两宗出，而精神意趣轻重先后之间，则不尽与印度本有之空、有两宗合。其主要侧重点，乃在人生界之自我精修，内心密证，生活上的实践，更胜于哲理上的思辨，实为更富于中国味。小乘偏教偏信，大乘偏理偏悟，台、贤、禅三宗则偏行偏证。佛学在中国流衍愈盛，却愈富中国味，这一层大可注意。

佛学之中国化，亦有数理由。一则中国为一单元文化的国家，其思想系统早经发展成熟，故外来思想易调和，不易代兴。二则中国思想本质上极富调和融会统一集大成之精神。三则中国人之历史癖，务求其先后条贯，一向重化不重变。如天台判教，正是中国思想长于综合、长于历史性的条贯说明之一好例。四则中国思想侧重人文本位，社会人事不易有急剧之大变，一切思想自向此原本位而凑合融化。如贤首宗之"事理无碍"，"一多相涵"，正是将佛教人文化之最圆密的理论。五则中国思想蔑视出世，佛教思想原先为消极厌世者，而一到中国则仍归于积极入世。佛教本主无我，本主利他，与中国积极淑世精神，一挽即合。六则中、印双方语言文字不同，影响及于其思想方法之不同。印欧文字如演算草，人心思想常紧随其文字之抒写而开展，文思相随俱前，如见人行路。中国文字如记账，先在心中想一节，乃在笔下写一节，思想、文字交互停顿，文字往往只记下思想中逐节逐停之较浑括的结果。如见路上足迹，而不见行者。七，故印欧常由文字演生出理论，虽有奇妙高胜之趣，而不免远于人事。中国思想则用践履得观念，由观念成记载。就文字论，若简单零散，不成片段，而平易亲切，语语着实。于是禅宗语录遂为中国佛学论著最后之归趋。

本书限于篇幅，不能把佛学在中国之演变详细叙述，特举两人，一为南朝竺道生，一为唐代慧能。所以特举此两人者，因其特与佛学之中国化有关。

二六　竺道生

竺道生在佛学上之大贡献有二：一是他提出"顿悟"义，一是他提出"佛性人人本有"义。他说：

> 见解名悟，闻解名信。信解非真，悟发信谢。理数自然，如果就自零。悟不自生，必藉信渐。用信伏惑，悟以断结。

（慧达《肇论疏》引生公语）

佛教解脱，本有信解脱与见解脱之分。生公特提"悟""信"两途，"信"是信奉外面教言，"悟"则发乎内心知见。生公说"悟发信谢"，便把宗教信仰完全归宿到自己的内心开悟，悟了，信便如花般谢了。这便冲淡了宗教的信仰精神。这便是把佛教转向到中国传统思想来的一个主要关键。同时谢灵运即说：

> 二教不同者，随方应物，所化地异也。大而较之，华民易于见理，难于受教，故闭其累学，而开其一极。夷人易于受教，难于见理，故闭其顿了，而开其渐悟。（《辨宗论》，见《广弘明集》）

这是说中国思想一向重于见理，故遂轻于受教，这即是中国传统思想之基本态度，所以不易有宗教发达之症结所在。现在竺道生是一佛教徒，而特别提重"悟"的境界，在这上，便易把佛学融会到中国思想上来。道生对谢灵运意见有一批评说：

> 苟若不知，焉能有信？然则由教而信，非不知也。但资彼之知，理在我表。资彼可以至我，庸得无功于日进？未是我知，何由有分于入照？岂不以见理于外，非复全昧，知不自中，未为能照耶？（《答王卫军书》，亦见《广弘明集》）

这是说不知不能有信，但所知还是别人之知。惟心同理一，借仗别人之知，可以促起自心开悟。<small>此即孟子"性之""反之"之义。</small>但若自心不开悟，则所知终非己有。理在心外，并非由自心照见。从此说法推进，必然要到达人人心中皆能照见佛所开悟之理，乃始是"佛法"之结论。在人生界找寻一真常不灭之体，乃佛学一最要薪向，此一真常不灭之体并非佛身，而是"佛法"。<small>换言之，不是生命，而是一种"理"。</small>再进一步言之，此一真常不灭之体，尚非佛法，而是对此佛法之一种悟。仅能信受佛法，佛法仍在我外，必须自心开悟，佛法始与我为一。此种开悟，即是"佛性"。_{此"性"字含义，与中国儒家"性"字原义不同。儒家说性，指人类生命之全过程及其大趋向而言。佛则是一境界，即一种开悟。故儒家性字涵义中有仁，佛性则偏在智。}佛性真常不灭，即达"涅槃"境界。关于此理之重要发挥在《涅槃经》。竺道生时，恰正《涅槃经》开始传译到中国。初译只是六卷《泥洹经》，_{觉贤译。}道生即根据此六卷译本透悟出"人人本有佛性"之创见。据传：_{《高僧传》。}

> 六卷《泥洹》，先至京都，生剖析经理，洞入幽微，乃说一阐提人皆得成佛。_{一阐提，乃以贪欲为唯一鹄的之人。}于时大本未传，_{昙无谶译《大般涅槃经》四十卷在后，此时尚未出，故曰"大本未传"。}孤明先发，独见忤众。_{六卷本并无一阐提成佛之说。且曰："如一阐提懈怠懒惰，尸卧终日，言当成佛，无有是处。"又曰："彼一阐提于如来性所以永绝。"}于是旧学以为邪说，讥愤滋甚。遂显大众，摈而遣之。_{于众僧众中受驱逐罪。}生于大众中正容誓曰："若我所说反于经义，请于现身即表疠疾。若于实相不相违背，愿舍寿时据狮子座。"言竟，拂衣而游。后《涅槃》大本至于南京，果称阐提悉有佛性，与前所说，合若符契。（《高僧传》）

此一故事，实于中国佛教史上，有甚深甚大之影响。生公在当时，敢于提出对经义显然恰相违反之意见，此即如谢灵运所指，乃一种"明理"与"受教"之争，亦即生公所剖析，乃一种"信"与"悟"之争。"信"依外面教言，"悟"则本诸自心知见。何以自心知见敢于公然违抗外面众所信奉之教，

二六　竺道生　　147

则以所悟是"理","理必无二,理则常一"。^{此八字见生公《法华》疏。}理既不分,"悟亦冥符"。^{此四字见《涅槃集解》引生公序文。}能悟者是"心",此能悟之心即是"佛性"。

> 阐提是含生之类,何得独无佛性?(《名僧传》引生公语)

依照生公此理,则人人尽得成佛,而成佛端赖内心自悟。如是则所重在己不在人,在内不在外。此后中国佛学,逐渐脱却迷信,转入内心修养,不得不谓是生公此番现身说法,作大狮子吼,有以促起。

今试问所悟是理,能悟是心,又当于何得悟?生公曰:

> 夫大乘之悟,本不近舍生死,远更求之也。斯在生死事中,即用其实,为悟矣。苟在其事,而变其实为悟始者,岂非佛之萌芽,起于生死事哉?(《维摩经》生公注)

当知理在事中,悟理须就事而悟。生死是人生大事,亦众生共有事,佛即由此生死大事悟入,众生亦当就此生死大事求悟。只明得生死实相即是悟。如是则众生求法,当从本身生活中求,从生死实事中求,非向经典求,更不待去西天佛国求。但此即成宗教史上一大解脱。生公悟此亦非容易。传云:^{《高僧传》。}

> 生既潜思日久,彻悟言外,乃喟然叹曰:"夫象以尽意,

得意则象忘。言以诠理，入理则言息，<small>此即所谓悟发信谢。</small>自经典东流，译人重阻，多守滞文，鲜见圆义。若忘筌取鱼，始可与言道矣。"于是校阅真俗，研思因果，乃言善不受报，顿悟成佛。而守文之徒，多生嫌嫉，与夺之声，纷然竞起。(《高僧传》)

可见生公之大彻大悟，在当时实非易事。生公谓"得意忘象，得理忘言"，极似王弼。王弼即本此推翻两汉阴阳五行象数《易》学种种迷妄，而生公亦从此悟得佛教经典上所谓净土、果报种种说法之不真。<small>此种说法，都属小乘教。</small>故曰：

> 夫国土者，是众生封疆之域。其中无秽，谓之为净。无秽为无，封疆为有。有生于惑，无生于解。其解若成，其惑方尽。(《维摩经》生公注)

生公之意，所谓"净土"之土，即指众生在实际生活中之种种疆界分别。净只指此实际生活之光明无垢秽而言。若其生活无垢秽，一片光明，斯其所居即为"净土"。故净土即从众生心对实际生活之悟解中得，何尝是逃离实际生活以外别有一净土世界？如是则求仁得仁，即在当下眼前，岂复另待后报？明此即明得顿悟成佛义。既明得顿悟成佛义，则佛教中轮回之说便成不重要。轮回既退处不重要地位，则向后如范缜的《神灭论》，便不能对佛学施以致命的打击。佛学思想从

二六 竺道生

此演进，便易开出天台、华严、禅宗之中国佛学来。由此看法，可见竺道生在中国佛教史上之重要。

然悟何为必是"顿悟"，而非"渐悟"呢？生公说：

> 夫称顿者，明理不可分。悟语极照。以不二之悟，符不分之理，谓之顿悟。（慧达《肇论疏》引生公语）

生公谓"理"必是一不可分之整体，故悟者必悟其全。不能今日悟一些，明日再续悟一些。此见佛学"悟理"与儒家"尽性"不同。悟在知见，尽则在践履。此种悟，生公又称之为"不偏见"。故生公曰：

> 不偏见乃佛性体。（《涅槃集解》引生公语）

凡人之见，或见此，或见彼，皆见其部分，皆是偏见。悟理则见到一极之全。待见到此一极之全，则一念而无不知。故生公曰：

> 一念无不知者，始乎大悟时也。（《维摩经》生公注）

当其未到此境界，则不得谓见理，即不得称悟。故悟必然是"顿悟"。如人登山顶。非到山顶，即不得称达山顶。然登山顶，必然是一步而达。又如截木，非到木断，不得云木断。故截木虽尺寸截之，然截木成断，则必一截而断。生公曰：

> 斩木之喻，木存故尺寸可渐。无生之证，生尽故其照必顿。（刘虬《无量义经序》引）

悟是悟此死生实相，悟此死生真理，一达悟境，即证无生，即是涅槃，其时则一切无分别，一切是真，故一念而无不知。是时即是顿悟成佛时。

生公在佛法上所悟，大体如上述。下及隋唐时代，天台、华严、禅三宗，各分宗派，创成所谓中国佛学之体系。若细细分说，都与生公所悟，可以会通。尤其是禅宗，更与生公思致相近。惟当生公时，佛经翻译尚未尽量，佛法阐究尚未充分，故佛学之中国化亦遂有待。然生公已为佛学中国化开辟了门径，悬示了标的，所以我讲中国思想史的佛学部门，首先要提到生公。

二七　慧能

我们说到生公，颇易联想到以前的孟子。我们说到慧能，又颇易联想到此后的阳明。生公为佛学中国化栽根，到慧能时才开花结果。所谓佛学中国化，最要的是在其冲淡了宗教精神，加深了人生情味。

慧能是禅宗六祖，其实可说是禅宗开山。佛教中有禅宗，实在可说是中国的宗教革命。

慧能是一个不识字人，是岭南新州一樵柴汉。岭南在初唐还是文化未辟，獦獠缺舌。但慧能到黄梅五祖弘忍大师处，在碓坊舂米八月，深夜三更听五祖一语指点，即言下大悟，获传顿教衣钵。他自己说：

但用此心，直了成佛。(《行由品》)

这在中国佛教史上，较之生公，真是更生动、更刺激、更令人兴奋地又一番现身说法。我们可以说，生公与六祖，是最标准的中国精神下的宗教神话，是十足人性的神话。中国思想史里的神，却永远是人性的。

五祖本是禅宗大祖师，他曾说：

> 不识本心，学法无益。若识自本心，见自本性，即名丈夫。（《行由品》）

常劝僧众，即自见性，直了成佛，_{此皆见《坛经》。}授六祖衣钵后又说偈云：

> 有情来下种，因地果还生。无情亦无种，无性亦无生。（《行由品》）

禅宗只就人的本心本性指点，就生命之有情处下种，教人顿悟成佛。此种教义，远从生公以来，是中国思想里的人文本位精神渗透到佛教里去以后所转化表现出来的一种特色与奇采。若我们讲禅宗，必要从达摩祖师讲起，那将把捉不到中国思想之固有的特殊精神。但此种精神，也必然要轮到一位蛮荒偏陬不识字人的身上，才始能十足表现。现在是生公的说法在六祖身上圆满应现了。六祖常说：

> 一切般若智，皆从自性生，不从外入。(《般若品》)

又说：

> 自性能含万法，万法在诸人性中。(《般若品》)

又说：

> 一切修多罗，^{即佛说了}_{义经也。}及诸文字，大、小二乘十二部经，皆因人置，因智慧性方能建立。若无世人，一切万法本自不有。故知万法本自人兴，一切经书因人说有。(《般若品》)

这真是宗教思想里最开明最透辟的见解。试问若没有人类，又何来有宗教？^{换言之，没有人类，}_{也不会有上帝。}故一切宗教，都出自人心人性与人情。没有人类的心性情，试问哪会有人间的一切教？所以说：

> 三世诸佛十二部经，在人性中，本自具有。若识自性，一悟即至佛地。(《般若品》)
>
> 佛向性中作，莫向身外求。自性迷即是众生，自性觉即是佛。(《疑问品》)
>
> 不悟，即佛是众生。一念悟时，众生是佛。故知万法尽在自心，何不从自心中顿见真如本性。(《般若品》)

六祖临圆寂前,其弟子请留教法,令后代迷人得见佛性。六祖云:

> 汝等谛听。后代迷人,若识众生,即是佛性。若不识众生,万劫觅佛难逢。吾今教汝,识自心众生,见自心佛性。欲求见佛,但识众生。(《付嘱品》)

这是六祖最后开示,最后垂训。从前生公只说人人皆具佛性,现在六祖教人返就自本性识佛。要觅佛,应从众生中觅。求认识佛,从众生中去认识。这些话何等深透,何等开朗?故说:

> 凡夫即佛,烦恼即菩提。前念迷,即凡夫。后念悟,即佛。前念着境,即烦恼。后念离境,即菩提。(《般若品》)

又曰:"烦恼即是菩提,无二无别。"

生公之大顿悟,是一终极境界,众生积渐修行,到一旦大彻大悟,始见佛性。六祖之顿悟,则当下一念即是。故说:

> 不修即凡,一念修行,自身等佛。(《般若品》)

生公顿悟,如登高山,最后一步始达山顶。六祖顿悟,如履平地,步步踏实,脚下即是。所以说:

> 念念见性,常行平直,到如弹指,便睹弥陀。(《疑问品》)

此因生公教人见"佛性",六祖只教人见"自性"。故说:

> 一念心开,是为开佛知见。^{"开佛知见"}_{见《法华经》。}汝慎勿错解经意。见他道开示悟入,自是佛之知见,我辈无分。若作此解,乃是谤经毁佛。彼既是佛,已具知见,何用更开?汝今当信,佛知见者只汝自心,更无别佛。(《机缘品》)

所以说"即心即佛"。有人问"即心即佛"义,六祖云:

> 前念不生即心,后念不灭即佛。成一切相即心,离一切相即佛。_{他时又云:"若见一切法,心不染着,是为无念,用即遍一切处,亦不着一切处。"又云"无念者,于念而无念。无相者,于相而离相。"皆与此处相发。}(《机缘品》)

又云:

> 即心名慧,即佛乃定。_{他时又云:"定慧一体,不是二。定是慧体,慧是定用。即慧之时定在慧,即定之时慧在定。"}(《机缘品》)

六祖此等说法,真所谓转法华,不是被法华转。实在六祖也只在讲自己心悟,不在讲佛经。这一种的说法和意境,实在必然会引起宗教里的革命精神。

现在我姑试借用近代西方的哲学观点来简要说明六祖的意见。西方人对人类心能所看重的是思想，思想必有对象，必有内容。其对象与内容，从心体而言，大体上是外在的，或可说是物质的。思想常要为此外在的物质对象所拘限，而西方哲学则常喜趋向于思想之极度自由，于是常喜越离此外在的拘限而走上如黑格尔所谓纯粹思想的境界。纯粹思想是抽象的，照黑格尔说法，是要由外在、他在而回复到思想之自在的。此刻说到六祖，他所重视于人类心能的是明觉，是知见与观照。知见、观照必有所知见、所观照，亦为外在与他在所拘限。在六祖谓之"相"或"念"，或"住"与"着"。六祖所要指点人追求的，则是一种纯粹知见与纯粹观照。即是越离于外在对象所拘限的自在知见与自在观照。这是纯抽象的一种知见与观照之真本体。禅宗故事里有一件很有名的公案说：

> 百丈怀海大师侍马祖行次，见一群野鸭飞过。祖曰："是甚么？"师曰："野鸭子。"祖曰："甚处去也？"师曰："飞过去也。"祖遂回头，将师鼻一搊，负痛失声。祖曰："又道飞过去也！"师于言下有省。（《五灯会元》卷三）

这一段故事，正好说明六祖意思。看见一群野鸭飞过，是所知见。禅宗祖师只许你有此"知见"，不许你有此"所知见"，而即住着在此"所知见"上。知见了一群野鸭飞过，不许说是一群野鸭飞过，也不许想有一群野鸭飞过。此是一种纯粹知见，非"无知见"与"不知见"，即此是"佛知见"。此是心本体，亦即是佛性。禅宗要你"明心见性"，是明如此般的心，见如此般的性。今说我看见一群野鸭飞过，此是前念生。野鸭飞过，我心也不存，此是后念灭。此念灭了，才能生别念，此所谓"无所住而生其心"。现在是要你"前念不生，后念不灭"。你看见一群野鸭飞过，只此一见，便成一相。但你不再说我看见一群野鸭飞过，是"离一切相"。明白到这里，即易明白得明一切法而无念、无相、无住、无着的真境界与真体段。再言之，你看见一群野鸭飞过是"慧"，你不再说看见一群野鸭飞过是"定"。否则你此一刻看见一群野鸭飞过，野鸭是飞过了，而仍在你念里存着，你心里老存着此一群野鸭飞过，会阻碍你下一念之新生。所以要受马祖搊鼻子。因你如是般随外迁流，失了"定"，亦将失了"慧"。六祖的"即心即佛"义，大体是如此。所以说"烦恼是菩提"。你若偏要说我看见一群野鸭飞过，但飞哪里去了呢？此问题即要成烦恼。所以只让你有知见，却不要在知见上着相、生念。见一群野鸭飞过，无所谓，那即是菩提了。烦恼与菩提，同是此一知见，同是此一心，所异在有相与无相，着与不着。所以六祖最先在黄梅东禅寺作偈题壁即说：

菩提本无树，明镜亦非台。本来无一物，何处惹尘埃。
（《行由品》）

明白得这一节，便可明白后来禅宗种种机锋与种种说法。但说成不许说野鸭飞过，终是过分了，我们还得细看六祖自己所说。

但前引六祖说法，虽在原先佛学中已有，一经六祖特别提出发挥，却在佛学中发生了绝大革命。六祖平日教人，并不看重念佛诵经。他说：

> 世人终日口念般若，不识自性般若，犹如说食不饱。（《般若品》）

> 佛言随其心净即佛土净，东方人但心净即无罪，西方人心不净亦有愆。东方人造罪念佛，求生西方，西方人造罪念佛，求生何国。（《疑问品》）

他更不喜欢习禅打坐，他说：

> 道须通流，何以却滞。心不住法，道即通流。心若缚法，名为自缚。若言坐不动是，只如舍利佛宴坐林中，却被维摩诘诃。（《定慧品》）

他又不教人出家修行，他说：

> 若欲修行，在家亦得，不由在寺。在家能行，如东方人心善。在寺不修，如西方人心恶。（《疑问品》）

二七 慧能　　159

今试问除却诵经念佛、习禅打坐、出家修行，又如何作佛？
六祖说：

> 觉即是佛，慈悲即是观音，喜舍名为势至，能净即释迦，平直即弥陀，人我是须弥，邪心是海水，烦恼是波浪，毒害是恶龙，虚妄是鬼神，尘劳是鱼鳖，贪嗔是地狱，愚痴是畜生。（《疑问品》）

他又说：

> 劝善知识归依自性三宝。佛者觉也，法者正也。僧者净也。（《忏悔品》）

所以说：

> 佛法在世间，不离世间觉。离世觅菩提，恰如求兔角。（《般若品》）

六祖只把人心的知见，完全从外在、他在的对象中越离，而全体回归到内在、自在的纯粹知见即心本体上来。此一心本体，却是绝对平等的。宗教必然带有崇拜性，到六祖始说成绝对平等。宗教必然带有出世性，而六祖却说成不待出世。知见只是在此世中的知见，只不着于此知见而已。六祖这些说法，已把佛学大大转一弯，开始转向中国人的传统精神，^{即平等的，}_{与入世的。}即完全是现世人文的精神。也可说，到六祖，中国人的传统精神始完全从佛教里解放。

二八　慧能以下之禅宗

禅宗自六祖后，披靡全佛教。有吉州行思禅师住青原山，首传石头迁，再传有曹洞、云门、法眼三宗。又有南岳怀让禅师，首传马祖，再传有临济、沩仰二宗。他们虽派别纷歧，实际总只是在佛教中求解放。或问青原，佛法大意，师曰："庐陵米作么价？"或问赵州，如何是佛法西来意，师曰："庭前柏树子。"或问洞山，如何是佛，答曰："麻三斤。"或问马祖，如何是西来意，师便打，曰："我若不打汝，诸方笑我。"又或问如何是西来意，马祖曰："只今是什么意？"或问云门，如何是佛，曰："干矢橛。"僧慧超问法眼，如何是佛，师曰："汝是慧超。"这些回答，实在是明白已极，痛快已极。只教人回头是岸，莫忽略了当前真实人生。但佛法入中国，至是已经六七百年了。现在正是到达全盛的时期。一般僧众，出家求法，千辛万苦，走进山门，给诸祖师当面泼这一口冷水。莫说清醒，反更糊涂了。后来人读佛书,也摸不到当时禅门祖师们的头脑,转觉他们疯疯癫癫,奇奇怪怪。中国禅宗祖师们的所谓机锋、棒喝,是有名玄秘的。其实,这些都是真实话,给人看作不真实,都是浅显话,给人看作不浅显。认为诸祖师故作玄虚,话背后还有更多的秘密意义。这真叫诸祖师一片婆心无处交代,只有更增了他们的愤激。

佛书言,释迦牟尼佛生时,放大智光明,照十方世界。地涌金莲花,自然捧双足。一手指天,一手指地,周行七步,目顾四方。曰:"天上天下,惟吾独尊。"云门曰:"我当时若见,一棒打杀与狗子吃。"临济有言,大善知识始敢毁佛毁祖,是非天下,排斥三藏教,骂辱诸小儿。又曰:"逢佛杀佛,逢祖杀祖,逢罗汉杀罗汉,逢父母杀父母,逢亲眷杀亲眷,始得解脱,不与物拘,透脱自在。"其实当时山门僧众,若都懂得柏树子,麻三斤,懂得庐陵的米价,懂得自己是慧超,又何致祖师们要直把释迦牟尼佛杀却喂狗子呢?

赵州说:"佛之一字,吾不喜闻。念佛一声,要漱口三日。"僧问赵州,学人乍入丛林,乞师指示。师云:"吃粥了也未?"云:"吃粥了。"师曰:"洗钵盂去。"此种指点,此种教诲,可说得平实、浅显,居然是孔子"下学上达"规模。赵州说:"老僧此间,即以本分事接人。"德山曰:"老汉自己亦不会禅,亦不是善知识,百无所解,只是屙矢放尿,乞食乞衣,更有什么事?劝你不如本分去!早休歇去!莫学颠狂!每人担个死尸,浩浩地去到处向老秃奴口里受他涕唾吃,便道我是入三界，修蕴积行，长养圣明，愿成佛果。如斯等辈，老汉见之，如毒箭入心。"试问这些话还有何玄秘可言？若认这些话玄秘，试再翻看《坛经》，六祖曾说了些什么？正为六祖《坛经》里的话，一辈善男信女还是信不及，故而激起后来这些祖师们，只叫人吃粥，洗钵盂，屙矢放尿。希迁对南岳怀让道："宁可永劫受沉沦，不从诸圣求解脱。"但当时一辈信仰佛法无边的，还是向诸祖师们求解脱，那有何办法呢？只有痛痛地赐他几棒吃。首山云："佛法无多子，只是汝辈自信不及。若能自信，千圣出头来，无奈汝何，向汝面前无开口处。"只为你自信不及，向外驰求，所以到这里来。假如便是释迦佛，也与汝三十棒。

好了！禅宗时期，正是中国佛学的最盛时期，却被那辈祖师们都无情地毒骂痛打。打醒了，打出山门，各各还去本分做人，遂开出此后宋代的新儒学。后人却把宋学归功到韩愈辟佛，这不免又是一番糊涂，又是一番冤枉。所以我说禅宗是中国佛教史上一番大革命。若把西方马丁·路德们的宗教革命来与相比，我们不能不说毕竟是中国禅师们高明些。

中国思想史的表现，永远是平易的、轻松的，连宗教思想上的大革命，也只如此般平易轻松地滑溜过去。试问，这需何等的大力量？现在人却总觉中国思想没力量。若使当时诸祖师们重生今日，不知要叫我们该受几会喝，该吃多少棒！

二九　宋元明时代

中国思想以儒学为主流。儒家可分先秦儒、汉唐儒、宋元明儒、清儒四期。汉唐儒、清儒都重经典,汉唐儒功在传经,清儒功在释经。宋元明儒则重圣贤更胜于重经典,重义理更胜于重考据训诂。先秦以来,思想上是儒、道对抗。宋以下则成为儒、佛对抗。道家所重在天地自然,因此儒、道对抗的一切问题,是天地界与人生界的问题。佛学所重在心性意识,因此儒、佛对抗的一切问题,是心性界与事物界的问题。禅宗冲淡了佛学的宗教精神,挽回到日常人生方面来。但到底是佛学,到底在求清净,求涅槃。宋明儒沿接禅宗,向人生界更进一步,回复到先秦儒身、家、国、天下的实际大群人生上来,但仍须吸纳融化佛学上对心性研析的一切意见与成就。宋明儒会通佛学来扩大儒家,正如《易传》《中庸》会通庄老来扩大儒家一般。宋明儒对中国思想史上的贡献,正在这一点,在其能把佛学全部融化了。因此有了宋明儒,佛学才真走上衰运,而儒家则另有一番新生命与新气象。

三〇　周濂溪

宋代理学开山是周濂溪，濂溪主要著作有《太极图说》与《易通书》。《太极图说》只是《易通书》之一部分，濂溪思想是以《易》学为根据的。

《太极图说》全文如下：

无极而太极。太极动而生阳，动极而静，静而生阴。静极复动。一动一静，互为其根。分阴分阳，两仪立焉。_{仪即象也。}阳变阴合而生水火木金土，五气顺布，四时行焉。_{此把五行汇入阴阳而抹去了五天帝。}五行一阴阳也，阴阳一太极也，太极本无极也。五行之生也，各一其性，_{此处先有了"自然之性"。}无极之真，二五之精，妙合而凝。_{罗整庵辨此三语，谓："凡物必两而后可合，太极与阴阳果二物乎？若为二物，方其未合之先各安在？朱子终身认理气为二，原盖出此。"整庵不知一物必可分而为二。而且如整庵说，则宇宙成为唯物的。}乾道成男，坤道成女。_{由"自然之性"之妙合而始有"人性"。}二气交感，化生万物。万物生生而变化无穷焉。_{以上是宇宙论。}惟人也，得其秀而最灵。形既生矣，神发知矣，_{此仍是子产由魄生魂义。}五性感动而善恶分，万事出矣。圣人定之以中正仁义而主静，_{自注云："无欲故静。"}立人极焉。_{此处折衷孟、荀性善恶论。开出后来理学上的天理人欲论。}故圣人与天地合其德，日月合其明，四时合其序，鬼神合其吉凶。君子修之吉，小人悖之凶。故曰：立天之道，曰阴与阳。立地之道，曰柔与刚。立人之道，曰仁与义。又曰：原始反终，故知死生之说。大哉《易》也，斯其至矣。_{以上属人生论。}

"太极""无极"二语，均见先秦。"太极"是最先义，"无极"是无始义。天地万物何自始，第一因毕竟是无因可觅，故太极实即无极。西方思想论宇宙，必究其本质，故有唯心、唯物之辨。中国古代，仅着眼宇宙整体之变化，就现象论现象，认天地万物，只是一气之动，无始以来只是此动，而实无所谓最先之一动，故曰："无极而太极。"濂溪此种见解，仍是先秦儒旧谊。惟自佛学来中国，遂传进本体、现象分离对立之观点。濂溪此篇之无极，即隐涵有宇宙最先本体之义，故曰"无极之真，二五之精，妙合而凝"。无极之一真，即是一本体。从无极变出动静，便是现象，便是用了。然究竟此体是先动后静的呢，还是先静后动的呢？此因人类语言思想，究竟偏而不全，说此便有彼，同时却说此便遗彼。其实此体只是一动，惟说动便有静。譬如说先便有后，却不好问先有前抑先有后。如是则动静同时并起，本是一体，此即太极。

故知太极只是一动，同时又即是一静。既不好说孰先孰后，故曰"动静互为其根"，却不好说谁为谁根。由此演化出天地万物与人类。这一种宇宙论，是先秦传统，是道家陈说，但经濂溪重新提出，却羼进了佛学的影响。中国传统思想是平面的，现在则是双层的。要在变动的"现象"之背面添上一不变不动之"本体"。这一点极重要，因为要影响到他们的人生论。

再说下半截，濂溪的人生论。人生固在宇宙中，但人生究不能与宇宙之整体完全合一，因此不得不自就人生自立人极。<small>此是濂溪高出郭象处。</small>但宇宙既是动静互根，人极何以要立在"静"的一边呢？濂溪说"无欲之谓静"。但天行健，天地之动又何尝必是欲呢？正为濂溪认定有一无极之真为天地现象背后之本体，故而要把"无欲"来作人生的本体，即人极。如是始能与天地合德，始能直上达天德，使天地界与人生界，通贯一致。若就工夫论，"无欲"可说是儒、道、佛三家的共同立场。但濂溪的话，实与先秦儒、道所论"无欲"不同，这已有了哲学上本体论的气味了。此后宋明儒"去人欲，存天理"是一主要观念，而天理也成一本体，若有一物般独立存在。这一观点，就儒家论，不能不说从濂溪首先提出。

《通书》大义与《太极图说》无殊，惟《通书》多用《中庸》，更要的是一"诚"字。他说：

诚者，圣人之本。圣，诚而已矣。（《通书·诚》）

三〇　周濂溪

又说：

> 诚无为，几善恶。（《通书·诚几德》）
>
> 寂然不动者诚也，感而遂通者神也，动而未形有无之间者几也。（《通书·圣》）

《中庸》言诚，即指此不息不已之变化而言。濂溪则似先有一"诚"之本体在变化之前，而寂然不动以待感。这一个诚，无为，亦无欲，颇近似于释氏之所谓"涅槃性体"，而非《孟子》《中庸》之所谓"性"。《通书》又说：

> 圣可学乎？曰：可。有要乎？曰：有。一为要。一者，无欲也。无欲则静虚动直。静虚则明，明则通。动直则公，公则溥。明通公溥，庶矣乎。（《通书·圣学》）

此处以"静虚动直"释无欲之体，但静虚动直亦显有先后。静虚是前一截，动直为后一截。使人认为非静虚不得有动直。则寂然不动之"诚"，便要偏在静而虚的一边了。明通公溥亦有先后。明通属智、属照，公溥才属仁、属行。濂溪之意，也是先有一个心本体，才能发生心作用。此一心体显然近道家，更近释氏，与孟子"性善"之"性"微见不同。

时人形容濂溪人品，"如光风霁月"，那是艺术境界，非道德境界。濂溪晚年住庐山莲花峰下，喜与方外游。北宋儒，就其气象意境言，毋宁是更近东汉、魏、晋，更近道家与释氏。把此作底，而希求先秦、两汉及唐代儒之事功活动。所以说：

> 志伊尹之所志，学颜子之所学。（《通书·志学》）

他所想象的颜子，毋宁是以《庄子》书中之颜子为主，而从此再接近到佛家。

三一　邵康节

北宋儒学中有一豪杰，便是邵康节。从来认康节思想偏近道家，其实是更近庄周。康节精于象数之学，近似西汉阴阳家。但康节数学之背后，另有一套哲理根据，却与西汉阴阳家不同。我想称此一派为"观物哲学"。前有庄周，后有康节，这一派哲学，在中国思想里更无第三人堪与鼎足媲美。庄周是撇脱了人的地位来观万物，康节则提高了人的地位来观万物。庄周是消极的，康节是积极的。他著有《观物内外篇》，说：

> 道为天地之本，天地为万物之本。以天地观万物，则万物为物。以道观天地，则天地亦为万物。道之道尽于天，天地之道尽于物，天地万物之道尽于人。人能知天地万物之道所以尽于人者，然后能尽民也。（《观物内篇》之三）

庄周要把人消融在天地万物中，康节则要把天地万物消融在人之中。所以成其为儒。人何以能消融得天地万物？康节说：

> 人之所以灵于万物者，谓其目能收万物之色，耳能收万物之声，鼻能收万物之气，口能收万物之味。声色气味者，万物之体。目耳鼻口者，万人之用也。_{此处"用"字下得极深微，目耳鼻口，不仅是人之用万物，而乃是万物之所由得竭其用于天地之间也。此处体用却仍是平面的，不是双层的。更近于先秦传统。}体、用交而人物之道备。_{人若不能用万物，即为未尽人道。}然则人亦物也，圣亦人也。有一物之物，有十物百物之物，有千、万、亿、兆物之物。生一一之物，当兆物之物者，岂非人乎？是知人也者，物之至。圣也者，人之至。人之至者，谓其能以一心观万心，一身观万身，一世观万世。_{佛家华严宗讲"一多相摄"，颇近庄子，康节思想又从华严变来。}能以心代天意，口代天言，手代天工，身代天事，_{此与荀子意不同。荀子是"以能上识天时，下尽地理，人克天"，此则"以人代天"。}能上识天时，下尽地理，中尽物情，通照人事。能以弥纶天地，出入造化，进退今古，表里人物。_{康节此论，仍从《易传》"仰则观象于天，俯则观法于地"一节变出。}（《观物内篇》之二）

这是康节理想中之新人本位论。人与万物，本皆偏而不全，但人能由偏合全。_{此即《中庸》之"明而诚"，惟立场与出发点不同。}由偏合全，则全体即在一偏中呈现，故曰"以人代天"。其主要工夫在"观"。康节曰：

> 夫所谓观物者，非目观之，观之以心也。非观之以心，

三一 邵康节　　173

观之以理也。圣人所以能一万物之情者，谓其能反观也。反观者，不以我观物，以物观物之谓也。_{此与庄子略同意，所谓"照之以天"。}既能以物观物，又安有我于其间哉？_{康节祛除人之主观与庄子同，但人之客观则惟人能之，此层庄子所不言也。}（《观物内篇》之十二）

此乃康节之客观主义。康节乃提倡人本位之客观主义者。人本位之客观主义则主要在"理"，尤胜过于在"心"。故曰：

> 以物观物，性也。以我观物，情也。性公而明，情偏而暗。（《观物外篇》下）

又曰：

> 以我徇物，则我亦物也。以物徇我，则物亦我也。我物皆致意，由是明天地亦万物也，万物亦我也，我亦万物也。何物不我，何我不物，如是则可以宰天地，可以司鬼神。（《渔樵问答》）

人只要祛除己私，_{即人之情。}运用智慧，_{此亦人之性。}来观察天地万物，而求得其间之理。理则是公的，并无物、我之别。必待兼物、我而理始见。庄子"约分"，是要约束在各自本分之内。康节"观物"，却要范围天地，牢笼万物。其主要工夫在能"观理"。

他又说：

> 性非体不成，体非性不生。阳以阴为体，阴以阳为性。动者性也，静者体也。（《观物外篇》上）

又说：

> 气则养性，性则乘气。故气存则性存，性动则气动也。（《观物外篇》上）

此以性与气体对立，而谓性随气而存，颇似此后朱子之理气论。又云"性非气不成，气非性不生"，则似张、程"义理之性"与"气质之性"之分别。但朱子所谓之理，近似空静，非能主动。康节说"动者性也"，似较朱子理的观念更有生气，有活力，更近儒家本所寻求。但若看重了程朱"性即理"的说法，则理中自涵有动了。他又说：

> 天地之本，其起于中乎？人居天地之中，心居人之中，心为太极。（《观物外篇》上）
>
> 先天学，心法也。图皆从中起，万事生于心。（《先天卦位图说》）
>
> 心一而不分，可以应万变。（《观物外篇》下）

此可谓是康节之唯心论。然与西方哲学之唯心论不同。康节所谓"心为太极"，所谓"先天学是心法"，此所谓先天、太极，

三一 邵康节

谓"万事生于心",乃指自有人事、自有历史文化而言,非谓由心创始天地万物。乃谓自有人心后之天地万物,皆随人心而转动,故人心遂为天地万物之太极。此处太极应是"至中"义,非"最先"义。朱子把康节"太极"来说濂溪的"太极",这似误了。这两人间似乎该有分别的。故康节乃一人本位的客观主义者,又是人本位的唯心论者。惟其人心能超越个己而客观,故能超偏合全,故能"先天而天勿违",_{此天已是有人后之天。}故能成为人文界之太极。康节又说:

> 先天之学,心也。后天之学,迹也。出入有无死生者,道也。(《观物外篇》下)

道包先、后天心迹言。故康节所谓"道",不沦于虚无。故此种唯心论,不害其为客观的唯心论,而始终站在人本位立场者。然已把心的范围放宽,把人的地位提高,把客观与主观的界线也铲除了,一偏与全体之间也凝合了。这是庄子与华严之积极化与人文化,乃庄子与华严之儒家化。其论旨亦与《易传》《中庸》不同。他实在能自创一格。他是北宋儒学中一异军突起。他所以在理学中不甚受重视,因他太偏重在宇宙论方面,而在人生论方面较不如张、程之谨严。后来惟朱子能兼采康节,此是朱子之伟大处。

三二　张横渠

张横渠是北宋儒家中一能用思想人。他所著《正蒙》，乃精思凝炼而成，极为晚明王船山所推重。他说：

> 太虚无形，气之本体。其聚其散，变化之客形尔。至静无感，性之渊源。有识有知，物交之客感尔。客感客形，与无感无形，惟尽性者一之。（《正蒙·太和篇》）

《易传》只言"一阴一阳之谓道"。阴阳只是一气，并不曾在气外再要安放一个"太虚"之体。又说"继之者善，成之者性"，继与成即指一阴一阳言，也并不曾在一阴一阳之前另要安放一个"无感"之源。此显然是北宋思想经过佛学传入后之新思路。横渠、濂溪，只是大同小异。

横渠又云：

知虚空即气，则有无、隐显、神化、性命通一无二。<small>有显化性是气，无隐神命是虚。</small>若谓虚能生气，则虚无穷，气有限，体用殊绝，入老氏"有生于无"自然之论。<small>郭象对此有辨正。</small>不识所谓有无混一之常。若谓万象为太虚中所见之物，则物与虚不相资，形自形，性自性，形性天人不相待，而有陷于浮屠以山河大地为见病之说。（《正蒙·太和篇》）

此处横渠既不主张虚能生气，<small>即不主虚在气先。</small>又不主张气在虚空中，<small>即不主虚气是二。</small>却只说"太虚"是气之本体。此有二义。一则气是变化的，虚则无变化。种种变化，还是此太虚之体。二则气是部分的，虚则是全体。凡属变化，均指相对的、部分的而言。全体则是唯一的、绝对的，故无可变化。但如此一说，宇宙变成双重了。变者是气，是形，<small>形亦是部分的、相对的。若惟一绝对，则无形可言，故称之曰"太虚"。</small>不变者是太虚，是体。于是分主客，分体用，使人总要偏重到主与体的一面去。他们总像要教人先认识一本体，再回头来发挥大用。但此本体却实在渺茫，极难凑泊。但却不能说天地间只有用而无体。此是人类语言自有限制，须待学者之善自体会。

　　由横渠此种宇宙论转入人生论，便有如下主张。他说：

　　形而后有气质之性，善反之则天地之性存焉。故气质之性，君子有弗性者焉。（《正蒙·诚明篇》）

天地之性，便是所谓至静无感的了。<small>此亦略近濂溪之"无欲"。</small>同时二程极赞此分辨。孟子论性善，只就恻隐、羞恶、辞让、是非言，何一非物交后之客感？何一非气质之性？所以朱子说：

> 气质之说起于张、程，极有功于圣门，有补于后学，前此未曾说到。(《朱子语类》卷四)

可见宋儒亦知他们所说与先秦孔孟有异。但他们经历近千年来佛学感染，总觉非如此立说即不臻圆满，他们必要把佛学思想融化进儒学中，正好与竺道生、慧能恰成一对照。

但二程并不赞成横渠的《正蒙》，而盛许其《西铭》。兹先录其全文：

> 乾称父，坤称母，予兹藐焉，乃混然中处。故天地之塞，吾其体。天地之帅，吾其性。民吾同胞，物吾与也。大君者，吾父母宗子。其大臣，宗子之家相也。尊高年，所以长其长，慈孤弱，所以幼其幼。圣其合德，贤其秀也。凡天下之疲癃残疾，茕独鳏寡，皆吾兄弟之颠连而无告者也。于时保之，子之翼也。乐且不忧，纯乎孝者也。违曰悖德，害仁曰贼。济恶者不才。其践形，惟肖者也。知化则善述其事，穷神则善继其志。不愧屋漏为无忝，存心养性为匪懈。恶旨酒，崇伯子之顾养。育英才，颍封人之锡类。不弛劳而底豫，舜其功也。无所逃而待烹，申生其恭也。

三二 张横渠

体其受而归全者,参乎。勇于从而顺令者,伯奇也。富贵福泽,将厚吾之生也。贫贱忧戚,庸玉汝于成也。存吾顺事,没吾宁也。

人生从宇宙来。譬诸家庭,宇宙是父母,人生是子女。横渠把先儒的孝弟之道推扩到全宇宙,把人生论贯彻到宇宙论,这是《西铭》宗旨。横渠《西铭》与濂溪《太极图说》,同为宋儒有数大文章。程门专以《西铭》《大学》开示学者,却不提到濂溪《太极图说》,说《西铭》详说了人生与物同体之理。其实先秦儒并无此说。孟子云:"老吾老以及人之老,幼吾幼以及人之幼。"只主张推扩人类之同情心,并不言万物一体。孔子言仁,亦指人心言,亦不是说万物一体。庄周始直观宇宙大化而言万物一体。惠施则从分析名言所指异同而归纳到万物一体。此皆从理智从外面来证成。宋儒最喜言"万物一体"。《太极图说》从宇宙万物创造生成之历史过程言,其实只是说万物同源。《西铭》则并无万物一体之论证,只就此一体的见解上来推演人生职责。孙夏峰谓"《西铭》从既有天地说起,《太极图说》就未有天地说起",即此意。二程在宋儒中比较更接近孔孟,不喜从外面从理智寻求,所以更看重《西铭》而不言《太极图》。明道《识仁篇》谓:

> 仁者浑然与物同体,《西铭》备言此体,以此意存之,更有何事?

此说仁者之心便能与物同体，明明主从内心证此体。其实孔孟只说此心，并未说到此心外之体。只主由心而成行为，并非由心而究本体。此一"体"字观念，非孔孟先秦儒所有。横渠谓"天地之塞吾其体"，此似佛家之法身。"天地之帅吾其性"，此似佛家之法性。宋人毕竟深受佛学影响，非说到一个所谓本体上，终感不满足。二程仅不愿从外面来证成此体，因此濂溪虽是二程幼年导师，康节虽是二程常相过从的密友，而二程皆不喜称道他们的理论。于横渠《正蒙》，亦不认可。而专推此篇，常取以与《大学》并提，因《西铭》是本体论，而《大学》则是方法论。杨龟山云：

《西铭》扩前圣所未发，与孟子同功。

则程门亦知《西铭》是孔孟从未说过的话。宋儒并不墨守先秦，只把自己意思来发挥先秦，正因经过佛学一番波澜，只有乘势向前，再不能回头故步自封，这是宋儒伟大处。但宋儒与先秦儒之异同，我们也不该不仔细分析。

濂溪高洁，康节豪放，横渠则是艰苦卓绝。他自说：

言有教，动有法，昼有为，宵有得，息有养，瞬有存。
(《正蒙·有德篇》)

又说：

> 为天地立心，为生民立命，为往圣继绝学，为万世开太平。(《近思录》卷二)

这是何等志愿，何等生活！我尝欲为横渠此两节话题一名，谓之"六有四为"之学。朱子云：

> 横渠教人道，夜间自不合睡，只为无应接，他人皆睡了，己不得不睡。他做《正蒙》时，成夜里默坐彻晓，他直是恁地勇，方做得。(《朱子语类》卷九十九)

我们若说濂溪是颜渊，康节是庄周，则横渠却像曾子、墨翟。

三三　程明道

论到宋儒思想入微处，该从程明道开始。上述三家，都不免从外面讲，明道始直指内心。而且他比较更看重《论语》《孟子》胜过了《易传》与《中庸》。在他始是所谓吃紧人生。他最重要的文字是《识仁篇》。他说：

> 学者须先识仁。仁者浑然与物同体，义、礼、智、信皆仁也。识得此理，以诚敬存之而已。不须防检，不须穷索。若心懈则有防，心苟不懈，何防之有？理有未得，故须穷索，存久自明，安待穷索？此道与物无对，大不足以名之。天地之用皆我之用。孟子言"万物皆备于我"，须"反身而诚"，乃为大乐。若反身未诚，犹是二物有对，^{此二物即}_{心与理。}以己合彼，^{以己心}_{合彼理。}终未有之，又安得乐？《订顽》^{《西铭》旧}_{名《订顽》。}意思，乃备言此体，以此意存之，更有何事？若

存得，便合有得，^{即存久自明也。}盖良知良能元不丧失，以昔日习心未除，却须存习此心，久则可夺旧习。此理至约，惟患不能守，既能体之而乐，亦不患不能守也。（《遗书》卷二上）

濂溪、康节、横渠都从外面穷索此理，明道却认此理即在吾心，故不须向外穷索。既心即是理，则此心自能合理，故亦不须防检。此理何理？即是与物同体之"仁"。就身言，则我与人别，我与物别。就此心之仁言，则物我浑然同体，此即是一绝对。^{所谓"与物无对"。}天地万物尽融化在此绝对之仁体中。礼、义、智、信种种之德目，也只是此仁体之各别表现而已。明道此意，较上述三家，更能把握得先秦孔孟薪传。惟明道在此上提出两项工夫，一是"识"，一是"存"。他先说须识得此理，再存之于心，及其反身而诚，真感得吾心与此理合一无二，^{此即诚。}则更无别事。他又说"存久自明"。"明"与"识"不同。"识"是向外识得，"明"是内心自明。必到明了，才是真得，真有之。似乎工夫的第一步，仍在"识"上。但明道对如何"识仁"，却未细言。只说《西铭》备言此体，即以此意存之便可。明道在此上未更细阐，遂留下待伊川来补充。但我们若撇开伊川专从明道深入，便易走上陆王道路，所以朱子必要合言二程，不再加以分别。

明道《识仁篇》以外第二篇大文字是《定性书》。横渠问他："定性未能不动，犹累于外物，何如？"明道作书答之，谓：

所谓定者，动亦定，静亦定，无将迎，无内外。苟以外物为外，牵己而从之，是以己性为有内外也。且以性为随物于外，则当其在外时，何者为在内？是有意于绝外诱，而不知性之无内外也。夫天地之常，以其心普万物而无心。圣人之常，以其情顺万物而无情。故君子之学，莫若廓然而大公，物来而顺应。<u>此两语见《易传》。</u>苟规规于外诱之除，将见灭于东而生于西。其端无穷，不可得而除也。人之情各有所蔽，故不能适道，大率患在自私而用智。自私则不能以有为为应迹，用智则不能以明觉为自然。今以恶外物之心，而求照无物之地，是反鉴而索照也。与其非外而是内，不若内外之两忘。两忘则澄然无事矣。无事则定，定则明，明则尚何应物之为累哉。圣人之喜，以物之当喜，圣人之怒，以物之当怒，是圣人之喜怒，不系于心而系于物也。是则圣人岂不应于物哉？乌得以从外者为非，而更求在内者为是也？（《文集》卷二）

道家与释氏，无论在人生态度上及工夫上，皆有重内轻外之意。明道重昌儒学，一面直指本心，涂绝向外穷索之敝。一面又主"性无内外"，力斥是内非外之误。此须《定性》《识仁》两文对看，始更明白明道之精义。但明道此篇所说，似与儒家原旨亦有不合。当喜、当怒者是理，喜之、怒之者是心，是异是同，未见细剖。况离却吾心，物是块然之物，何从有

三三 程明道　　185

当喜、当怒之理？在人为当喜，在鸟兽虫鱼或为当怒。喜怒之理，何尝全在物？今谓"圣人喜怒不系于心而系于物"，则人心只能照见物理，全成被动，岂非仍是濂溪之虚静？其实濂溪乃在虚静后见性，非谓虚静即是性。又明道以"有为为应迹"，"明觉为自然"。这些仍陷于偏智不仁。试问孔子言杀身成仁，孟子言舍生取义，是否仅是应迹？仅是自然？又说"心普万物而无心"，"情顺万物而无情"，无心无情，又何从见性？即王弼注《老》，亦主不能无哀乐以应物。以哀乐应物，与明道言"情顺万物而无情"大不同。大抵先秦孔孟说理皆极切近，其精神则推扩向外。道家、释氏，说理皆推扩向外，而精神则切近就里。宋儒就此方面言，似更近道、释，而明道更然。此处明道虽说"性无内外"，实际上则似已偏向外去。故他说：

> 在天为命，在义为理，在人为性，主于身为心，其实一也。（《遗书》卷十八）

这是说天命之理落实到人身上是性，与《中庸》所谓"天命之谓性，率性之谓道"亦不同。《中庸》说率性而行是道，今则谓天命之理禀赋于人者为性。一是"性"先于"道"，一则"理"先于"性"。而且"道"字义含运行，"理"字义含静定。天地间先有此一套静定之理，人禀赋得之为性，心则只如明镜般能照见此理而止，则先秦儒家的人本位精神，到宋儒手里岂不转成了天本位？明道虽不喜濂溪、康节、横渠三家之向外穷索，他自己也仍不免向外，那是思想史上的时代特征。某一时代的思想，往往有一共同趋势，不知不觉地教人都向此一趋势而集中。宋儒自不能尽同于先秦儒。

心如何能明理呢？濂溪提出一"静"字，此是道家语，由佛学借用了。明道则提出一"敬"字。明道说：

> 某写字时甚敬，非是要字好，即此是学。（《遗书》卷三）

又说：

> 敬须和乐，只是中心没事也。（《遗书》卷二上）
> 人心不得有所系。（《遗书》卷十一）
> 心要在腔子里。（《遗书》卷七）

这些便是明道指点"敬"字的体段。其实这些只是一种心的状态，而非心的生命，也非心力之真源。若说敬是心体，亦只是心体之外相，而非其内情。照明道意，写字时便一心在写字上，那是敬，那是理，若要写得好，那便别有期向，那是驰外，即不敬。那是欲。如此则"敬"的实体还是一"无欲"，与濂溪"静"字差不多。一心在写字上，即是"心在腔子里"，不外驰。即是"中心没事"，并无要字好之意。即是"无所系"。要字好即是系。照现在话说，只是一个精神集中。照庄老说是无为无欲，心在这里则仅在这里而止。此是一种艺术精神，非道德精神。庄子与佛家，

三三 程明道　187

尤其是禅宗，发挥此层极精透。但人生大事，如修身、齐家、治国、平天下，不就如写字。道德人生与艺术人生毕竟不同。道德人生，不一定只要无欲。孔子不说"我欲仁，斯仁至"吗？北宋儒学，有时也还是艺术的胜过了道德的。只较道家与释氏，则他们更为落实到人生上，但不能如先秦儒之有气魄，有抱负。而明道立说尤见为浑融，须有伊川来加以申释。

三四　程伊川

明道是一个一团和气人。他曾说：

> 质美者明得尽，渣滓便浑化，却与天地同体。其次惟在庄敬持养。

大抵明道自己便是一质美的大贤。其弟伊川，则姿性严毅，条理细密，又享高寿，所以其学与兄略有出入。或问："必有事焉，当用敬否？"伊川曰：

> 敬只是涵养一事。必有事焉，须当集义。只知用敬，不知集义，却是都无事也。（《遗书》卷十八）

或问："敬义何别？"曰：

> 敬只是持己之道，义便知有是有非。顺理而行，是为义也。若只守一个敬，不知集义，却是都无事也。且如欲为孝，不成只守一个孝字，须是知所以为孝之道。又须是识在所行之先。譬如行路，须是光照。（《遗书》卷十八）

这里便在明道庄敬持养之外，又添出"集义"一项工夫。集义须先研求事理是非，所谓"须识在行先"。否则写字一心便在写字上，事父一心便在事父上。然写字亦该有一方法，事父更不如写字般简单，须先识得一荀子所谓之体常尽变的所以事父之道。于是伊川门下遂有所谓"敬义夹持"之说。伊川又云：

> 涵养须用敬，进学则在致知。（《遗书》卷十八）

"致知"即是"集义"。从"致知"遂说到"格物"。伊川云：

> 今人欲致知，须要格物。物不必谓事物。自一身之中，至万物之理，但理会得多，相次自然豁然有觉处。又曰："今日格一件，明日格一件，积习既多，然后脱然有贯通处。"（《遗书》卷十七）

又云：

> 物我一理。才明彼，即晓此，合内外之道也。语其大，

至天地之高厚。语其小,至一物之所以然。学者皆当理会。(《遗书》卷十八)

或问:"致知先求诸四端如何?"<small>此指恻隐、是非、辞让、羞恶言。</small>曰:

求诸性情,固是切于身。然一草一木皆有理,须是察。(《遗书》卷十八)

如是由"格物"又说到"穷理"。伊川曰:

格犹穷也,物犹理也。穷其理,然后足以致知。(《遗书》卷二十五)

"主敬涵养"是内面事,明道说内外合一,存久自明。由内本可通外。"格物穷理"是外面事,伊川也说内外合一,才明彼即晓此。由外亦可通内。但两者之间,偏重不同。何以伊川定要在涵养外添出格物穷理一节,此因伊川认定"性即理"一语。自然要明性便该穷理,不像明道般只说"存久自明"了。似乎伊川说更添进了一番学问精神,才始更近于先秦。

伊川又说:

性无不善,而有不善者才也。性即是理,理则自尧、舜至于涂人一也。才禀于气,气有清浊,禀其清者为贤,

三四 程伊川　　191

禀其浊者为愚。（《遗书》卷十八）

此处伊川说性善，则又显与孟子不同。孟子谓尧、舜与人同类，故相似。伊川明明谓尧、舜与涂人"才"有不同，_{一禀气清，一禀气浊。}其所同者乃在"理"。理则在外，不属于人，所以横渠要分别"气质之性"与"天地之性"。气质之性，显然有别。天地之性，始是大同。此处却不能不说伊川较孟子更入细。

伊川又说：

> 性即理也。天下之理，原其所自，未有不善。喜怒哀乐之未发，何尝不善？发而中节，则无往而不善。发不中节，然后为不善。（《遗书》卷二十二上）

伊川此说，复与《中庸》本义相乖。《中庸》只说人人皆有喜怒哀乐之性，既有此性，即有此道。_{"率性之谓道。"}既谓之道，即非不善。惟其因物而发，乃有中节、不中节之辨。_{中节是善，不中节是不善。}此说本极明白。今伊川之意则把喜怒哀乐之未发属之于"理"。_{因"性即理"。}"理"则当俟其中节、不中节而见。_{合理即中节，不合理即不中节。}所以孟子说"穷理尽性以至于命"。_{康节曰："天使我有是之谓命，命之在我之谓性，性之在物之谓理。"此语较合古义。}惟其喜怒哀乐事事中节，乃始算得善尽我喜怒哀乐之性。伊川之意，则若人心中先存在有此"中节"之"理"，于是一面要教人"格物穷理"，_{因其才明彼即晓此。}一面又要教人"看喜怒哀乐未发以前气象"。_{此是程门相传学诀。}试问气象岂能说是理，又岂能说是性？其实还是濂溪的一个虚静。还是有一本体观存在。此处是二程一致处。

"理"之对面是"欲"。伊川说天理、人欲，只是公、私之辨。他说：

> 不是天理，便是私欲。人虽有意于为善，亦是非礼。无人欲即皆天理。(《遗书》卷十五)

天理、人欲之辨，是宋儒一大题目。孟子只说同然之心，心与心相同然，即私便是公。伊川则谓要无私始是公。其实人心莫不有私，而且无私也不必即得人心所同然。依孟子意，要善推其心始是公，着重在行为上。依伊川意，天理、私欲之辨，着重在人心本体上。此处仍见宋儒与先秦儒之分别。

伊川又说：

> 公则一，私则万殊。至当归一，精义无二。(《遗书》卷十五)
>
> 大而化，则己与理一，一则无己。(《遗书》卷十五)

若就"穷理"说，自必无己。若就"率性"说，则不能无己。"为仁由己"，无己又如何有为仁者呢？正为伊川看"性"即是理，是公，所以说：

三四　程伊川

> 性中只有仁、义、礼、智四者,几曾有孝弟来?(《遗书》卷十八)

人性中并无孝弟,就儒家传统言,不得不谓是大胆怪论。而伊川必如此说,亦有其理由。似乎伊川认仁、义、礼、智是公的,故是理,孝弟则属私的,故是事是行。性只是理,由理流出,才始有事与行。<small>此即由体见用。</small>故要说性中没有孝弟了。孔、孟只说到由心向外达行,宋儒则要由心向内达理。先秦只注意在人文的实际行为,宋儒则要注意到人生之最先原理,因此遂生出种种不同。但如伊川此等议论,则无怪要遭人非议了。伊川又说:

> 仁,理也。人,物也。以仁合在人身言之,乃是人之道也。(《外书》卷六)
>
> 问如何是仁,曰:只是一个公字。(《遗书》卷二十二上)

可见伊川认"仁"是公是理,故为性中所有。<small>义、礼、智皆仁也,明道已言之。</small>但要把仁来合上人身,则理在人之外,不在人之内。人心可以穷理,可以认识此理,把来合在人身。人心只如一面镜,可以照见理,故贵能格物穷理。大致伊川还如明道般,只说得详密些。但详密处便见他们的歧异处。伊川又说:

> 论性不论气不备,论气不论性不明。(《遗书》卷六)

"性"是理。"气"是人身,是心,是才。只论一个理与性,不落实到人身上则不完备。但只论气不论性,则一切理与善皆不明其所由。伊川又说:

> 天下更无性外之物。又说:"理外之事则无。"但伊川却从不说天下更无物外之性与事外之理。(《遗书》卷十八)

到底要把性高举在物之上,但也终于抹杀不了物,如是则俨然成了性、气二元,遂引出后来朱子之理气论。但朱子说得较伊川更细密,成为理气浑合的一元论。亦可说是性理浑合的一元论。终不使性、气分成二元。总之宋儒要在天地万物一切实体或现象之上来建立一本体,这是当时思想界一共同趋向,伊川仍和濂溪、横渠相距不远。而到朱子始集其大成。

三五　朱晦庵

上述诸家都在北宋，南宋朱子出，才始集诸家之大成。朱子思想极阔大，又极细密。他想把濂溪、康节、横渠、二程种种异见都包容和会，再上通诸孔孟先秦儒，兼及道、释，而组织成一大系统。但朱子思想，主要还是沿袭二程，更是沿袭伊川的多。最显著的莫如他的《大学格物补传》。

《大学》是程门新经典，朱子《大学章句》开始说：

> 子程子曰：《大学》，孔氏之遗书，而初学入德之门也。于今可见古人为学次第者，独赖此篇之存，而《论》《孟》次之。学者必由是而学焉，则庶乎其不差矣。（《大学章句》）

《大学》既如是重要，而程朱相传，皆认《大学》古本有错简，有脱文。最要者，在八条目开始第一步工夫，即所谓"致知在格物"者，亦有脱文，于是朱子自谓窃取程子之意以补之。曰：

> 所谓致知在格物者，言欲致吾之知，在即物而穷其理也。盖人心之灵，莫不有知，而天下之物，莫不有理。惟于理有未穷，故其知有不尽也。_{孟子谓穷理尽性，此则变成穷理尽性。}是以《大学》始教，必使学者即凡天下之物，莫不因其已知之理而益穷之，以求至乎其极。至于用力之久而一旦豁然贯通焉，则众物之表里精粗无不到，而吾心之全体大用无不明矣。此谓格物，此谓知之至也。（《大学章句》）

此即所谓"格物补传"。这里面最重要的意见，还是一种心、理两分说。此所谓理，是兼包事物之理而言。若谓物理、吾心是二非一，此尚可说。谓事理、吾心判然划分，则义难圆成。然朱子持此见解，也自有他思想上的背景。《玉山讲义》也如《格物补传》，可以代表朱子晚年意见。《讲义》里说：

> 天之生物，各付一性。性非有物，只是一个道理之在我者耳。故性之所以为体，只是仁、义、礼、智、信五字。天下道理不出于此。_{物理如何亦用仁、义、礼、智、信五字包括，此是一大漏洞。朱子在此处，未能有详细发挥。}后世之言性者，外杂佛、老，所以将性字作知觉心意看了，非圣贤所说性字本指。（《玉山讲义》）

这里说出了宋儒思想一重要关键。佛家言佛性，实际只是指

三五　朱晦庵

一个"觉"。朱子说：

> 知觉之理是性，所以当如此者，释氏不知。他但知知觉，没这理。(《语类》卷一二六)

佛家又从"知觉是性"转出"作用是性"来，此到禅宗盛后更显。朱子说：

> 释氏专以作用为性，在目曰见，在耳曰闻，在鼻嗅香，在口谈论。在手执捉，在足运奔。且如手执捉，执刀胡乱杀人，亦可为性乎？(《语类》卷一二六)

> 庞居士神通妙用运水搬柴之颂，须是运得搬得，方是神通妙用。若搬运得不是，如何是神通妙用？佛家所谓作用是性，他都不理会是和非，只认得那衣食作息视听举履便是道。说我这个会说话会作用底，叫着便应底，便是神通妙用，更不问道理如何。儒家则须是就这上寻讨个道理。(《语类》卷六十二)

宋儒辟佛，是要在此心明觉之外提示一所觉之"理"来。所以明道说："吾学虽有所受，天理二字，却是自家体贴出来。"这是宋儒辟佛一最大根据。儒言理，佛学则不言理。竺道生、谢灵运曾特别提到"理"字，华严宗更爱言"理事无碍"法界，但佛学最后向往在出世，其所言理，非儒家重视修、齐、治、平、仁、义、礼、智之理。禅宗最富由真返俗精神，但不言修、齐、治、平、仁、义、礼、智，遂逼出"作用是性"之说。后人称之为儒、释疆界。荀子云：

> 凡以知，人之性也。可以知，物之理也。（《荀子·解蔽》）

昔子贡言孔子"性与天道，不可得闻"。孟子始力言性，《中庸》又盛言天道。荀子不喜言天道，乃曰："凡以知，人之性。可以知，物之理。"然此"理"字，在先秦诸家终少言。魏晋以至隋唐道、释两家，始多言理。宋代理学程朱一派，乃兼言理气、心性。时代变，思想亦随而变。所用名词及其涵义之纷歧出入，自不可免。自明道言天理，伊川言性即理，朱子以心属气与性属理对举。惟能知者是心非性，而以心与理两分，则却近荀子。

孟子曾说："恻隐之心，仁之端也。"此谓人有恻隐之心，推扩引申即是仁，故恻隐之心是仁道之开端，如此则性即由心而见。但朱子却说：

> 谓之端者，犹有物在中而不可见，必因其端绪发见于外，然后可得而寻。（《玉山讲义》）

如此则成为仁之性藏在人心中，露出端倪来，是恻隐之心。"性"是深藏在内之本体，_{此体在天地间即是"理"。}"心"只是显露在外之末端。如是则不免要人从此外露的端绪"心"来向内寻索，求能认识此深藏之本体"性"。_{故程门要教人"看喜怒哀乐未发气象"。惟朱子对此有疑辨。详后。}先秦儒只

三五 朱晦庵　　199

要人把此心向外推扩，在人生实际事为上创生出仁、义、礼、智。若套伊川话头，应该说性中只有孝弟，几曾有仁、义、礼、智来。_{故有子曰："孝弟也者，其为仁之本与。"}

孟子又说："尽其心，_{尽须向外推扩。}知其性也，知其性，则知天矣。"朱子曰：

> 心者，人之神明，所以具众理而应万事者也。性则心之所具之理，而天又理之所从以出者也。人有是心，莫非全体。然不穷理，则有所蔽而无以尽乎此心之量。故能极其心之全体而无不尽者，必其能穷天理而无不知者也。（《孟子集注·尽心章》）

此说即是伊川所谓"冲漠无朕，万象森然"。心至虚而至大，所以可以容藏万理。然心只是一种神明，可以察理见理，而非即是理。照孟子意见，则必尽人心之所能到达而始知人性之真实际限，故说"尽心知性"。照朱子意见，则必穷尽天地万物之理，而始到达此心知之全容量，则变成"穷理以尽心"，或"穷理以尽知"了。大抵伊川、晦翁只肯说"性即理"，不肯说"心即理"。心虽能照察理，容藏理，而心本身则不能流出理来。因理是性，非心。故虽说心可与理为一，实际则心还是与理为二。朱子说：

> 吾以心与理为一，彼_{指释氏。}以心与理为二。彼见得心空

而无理。此见得心虽空而万物咸备也。(《语类》卷一二六)

又说：

> 释氏既主心空无理，所以只要认得此心便够。今既主心具众理，则不得不于此众理上下工夫。

其实朱子虽说"性是一个道理在我"，见上引《玉山讲义》。也可说不在我。虽说"性在心中"，也可说心不是中。虽说"心与理一"，也可说是心与理二。朱子虽竭力辟佛，但其说心，却很像释氏之说。所谓涅槃佛性是第一义空，此后台、禅诸宗主张明心见性，即心即性，心只是一个虚明灵知，此即所谓"心空"。惟其只是一虚明灵知，所以适成其为第一义空之性。今朱子似乎仍说"心空"，仍只说心是一虚明灵知，岂不与佛家相近？其实人心除虚明灵知外，还有它自己的向往与要求，并不真是空虚而静的像镜子般。若否认了人心所自有之向往与要求，则何从再来判说性善与性恶？程朱把性与心划分，用意在要辟佛，但反而有些处更不似台、禅诸宗之比较还近于先秦儒说心性之本义。陆王继起来反程朱，即从此等处发挥。

现在要说到此来入心中之性，朱子在此方面，则用濂溪、横渠思想来弥缝二程之所缺。朱子的心性论，承袭了二程。他的理气论，则参酌了周、张。朱子说：

三五 朱晦庵

> 先有个天理了却有气，气积为质，而性具焉。(《语类》卷一)

> 理气本无先后之可言，然必欲推其所从来，则须说先有是理。然理又非别有一物，即存乎气之中。无是气，则是理亦无挂搭处。又说："无此气，则此理如何顿放。"(《语类》卷一)

其实朱子这番见解，也极受华严影响。朱子说：

> 释氏云："一月普现一切水，一切水月一月摄。"这是那释氏也窥见得这些道理。濂溪《通书》只是说这一事。(《语类》卷十八)

可见朱子也承认濂溪《通书》中道理也有与华严相通的了。现在再问理与气的分别何在呢？朱子说：

> 气则能凝结造作，理却无情意，无计度，无造作，只此气凝聚处，理便在其中。(《语类》卷一)

又说：

> 理只是个净洁空阔底世界，无形迹，他却不曾造作。气则能酝酿凝聚生物也。但有此气，则理便在其中。(《语类》卷一)

道家旧说，理只是一气运行中之自然条理，今乃说成一"净洁空阔的世界"，而又在气之中，则极像横渠之"太虚"。却不似濂溪之"太极"。因理并不能推动气，主宰气。曹月川^{明儒}曾说：

> 观《语录》^{朱子的}谓太极不自会动静，乘阴阳之动静而动静，遂谓理之乘气，犹人之乘马。马之一出一入，而人亦与之一出一入，以喻气之一动一静而理亦与之一动一静。若然，则人为死人，不足以为万物之灵。理为死理，不足以为万物之原。理何足尚，而人何足贵？^{王浚川也说："性即是理，则无感无应无动，一死局耳。"又说："理安能动。"}（《明儒学案》卷四十四）

这一批评最透彻，像是中了朱子要害。其实朱子所谓理，有时正像释氏之言涅槃佛性，所以要说它是一个净洁空阔的世界。朱子又说：

> 山河大地都陷了，理毕竟却在。（《语类》卷一）

这不是涅槃佛性是什么呢？自然朱子所讲理之内容，包有修、齐、治、平与仁、义、礼、智，决不是佛家之涅槃空寂。但试问人类灭绝了，那些修、齐、治、平与仁、义、礼、智之理，是否还存在？而且在未有人类之前，那些修、齐、治、平与仁、义、礼、智之理，是否已存在呢？朱子的理气论，若要严格划分看，显见有问题。但若会通浑合看，则并不如后人之所疑。此中应更有阐究。

朱子的宇宙论，像是理气二元，他的人生论，又像是心性二元。宇宙的一切动作，在气不在理。则人生界的一切动作，自然也在心不在性。所以说：

> 心便是官人，性便是合当做的职事，气质便是官人所习尚，或宽或猛，情便是当厅处断事。（《语类》卷四）

作主在此官人，这属于人生界。指派职事的是天，这属于宇宙界。此官人若要尽职，必得向"理"与"性"上下工夫。先求识职，再能尽职。此识与尽的工夫则在"心"。故说：

> 性者心之理，心属气。动者是情，主宰是心。（《语类》卷五）
> 人多说性方说心，看来当先说心。（《语类》卷五）

故朱子在宇宙本体论上，主张理先于气。在人生工夫论上，却主张心先于性。天与人在此上正一倒转，这却有极深涵义，所当认识。他又说：

> 天地若无心，则须牛生出马，桃树上发李花。心便是他个主宰处。（《语类》卷一）

又说：

> 天下之物，至微至细者亦皆有心，只是有无知觉处尔。且如一草一木，向阳处便生，向阴处便憔悴，他有个好恶在里。（《语类》卷四）

此等处，其实正是孟子、《中庸》之所谓"性"。只要看他有此一定的倾向和趋势，此即是性，亦即是天地间万理所从出，更何必另放一理在气之先，另安一性在心之中？而此所谓理与性者又是没气力不能主宰的，岂不多此一举？因此朱子有时也颇像在承认"心即理"。他说：

> 心固是主宰之意，然所谓主宰者即是理也。不是心外别有个理，理外别有个心。（《语类》卷一）

如此说则极直捷明了。但朱子并不常常如此说，他总喜说"性即理"，总不喜欢说"心即理"。此在朱子还是有他的苦衷，这一层让待后面详说。

现在再说落实到人生界以后朱子的所谓理，又是如何的呢？朱子说：

> 论万物之一原，则理同而气异。^{此属宇宙界。}观万物之异体，则气犹相近而理绝不同。^{此落实到天地万物与人生界。}（《文集》卷四十六《答

黄商伯》)

气反而是相近,理反而是绝不同,这一分辨极关重要。所以说:

> 道理散在事物上,却无总在一处的。(《语类》卷一二〇)
>
> 天下岂有一理通,便能万理皆通,也须积累将去。(《语类》卷十八)
>
> 万理虽只是一理,学者且要去万理中千头万绪都理会,四面凑合来,自见得是一理。(《语类》卷一一七)

这些见朱子的穷理精神。朱子要教人零零碎碎从小处凑合,却不喜人开口便高谈大本大原。因若高谈大本大原,外面便是天,内面便是心,朱子不喜言心即理,正恐人在此耽误了。

佛学在宋代依然极流行,即程门高第如谢上蔡、游定夫、杨龟山,后梢皆入禅去。<small>此亦朱子语。</small>从杨龟山一传为罗从素,再传为李愿中,都教人"看喜怒哀乐未发之谓中"。<small>伊川曾云:"善观者却于喜怒哀乐已发时观之。"可见龟山有失师传。</small>未发时作何气象?朱子亲受学于李愿中,但朱子很怀疑这一教法。他说:

> 李先生为默坐澄心之学,只为李先生不出仕,做得此工夫,若是仕宦,须出来理会事。(《语类》卷一一三)

其实这还是朱子对李先生的客气话。他又有一篇《观心说》，谓：

> 佛者有观心说，夫心一而不二者也，为主而不为客者也。命物而不命于物者也。故以心观物，则物之理得。今复有物以反观乎心，则是心外复有一心而能管乎此心也。此亦不待教而审其言之谬矣。(《观心说》)

朱子只教人用心向外识理，不教人回头自识此心。他说：

> 古人之学，所贵于存心者，盖将推此以穷天下之理。今之所谓识心者，乃欲恃此而外天下之理。<small>因其主心即理。</small>是以古人知益崇而礼益卑。今人则论益高而其狂妄恣睢也愈甚。(《文集》卷五十六《答方宾王》)

又说：

> 这道理无所不该，无所不在，所以圣人教人要博学。(《语类》卷一一七)
>
> 人如何不博学得？若不博学，气质纯底，将来只成一个无见识底呆人。若是意思高广底，将来遏不下，便都颠了。(《语类》卷九)

博学便是要向外穷理。只教人识心，把向外的门关了，又无

三五 朱晦庵　　207

异是把心也制死了。所以说：

> 若只收此心，更无动用生意，又济得什么？（《语类》卷五十九）

又说：

> 心要活，活是生活之活，对着死字。活是天理，死是人欲。（《语类》卷九十七）

人心向外识理是活的，是天理自然。若闭门兀坐，块然牢守此心，求其静定，那反是人欲，反而是死了。朱子对身心内外之辨，亦有极透辟的解答。他说：

> 身心内外，初无间隔。所谓心者固主乎内，而视听言动出处语默之见于外者，亦即此心之用而未尝离也。今于其空虚不用之处，则操而存之，于其流行运用之实，则弃而不省，此于心之全体，虽得其半而失其半矣。然其所得之半，又必待有所安排布置，然后能有，故存则有揠苗助长之患，否则有舍而不芸之失，是其所得之半，又将不足以自存而失之。（《文集》卷四十五《答杨子直》）

此种见解何等爽朗？正为当时一辈学者，把孟子"存心""收放心"云云的真实含义误解了，认为心即是理，只要把此心收回存着，便是把柄在手，一了百了，所以朱子说：

> 只存此心，便是不放，不是将已纵出了底依旧收将转来。旧底已是过去了，这里自然生出来。（《语类》卷五十九）

心是活的，如流水般，只流动自然能生，朱子此说对心体看得极真切。他说：

> 如浑水自流过去了，如何会收得转，后自是新底水。（《语类》卷五十九）

故存心、收放心，只是要此心能活，能流动，能生新，不是要死守，不是：

> 捉取此物藏在胸中。（《文集》卷四十五《答廖子晦》）
> 操存只是教你收敛，教那心莫胡思乱量，几曾捉定有个物事在那里？（《语类》卷一一七）

又说：

> 不是块然守定这物事在一室，关门独坐，便可以为圣贤。自古无不晓事底圣贤，亦无不通变底圣贤，亦无

关门独坐底圣贤。圣贤无所不通，无所不能，那个事理会不得，所以圣贤教人要博学。(《语类》卷一一七)

朱子千言万语，还是归到"博学"上。那时人正为认心即是理，只要反而求之，故谓读书不是紧要事。朱子勉人博学，自然要奖励人读书。他说：

> 人心知此义理，行之得宜，固自内发。人性质有不同，或有鲁钝，一时见未到，得别人说出来，反之于心，见得为是而行之，是亦内也。人心所见不同，圣人方见得尽，岂可一一须待自我心而出，方谓之内。(《语类》卷一二四)

> 简策之言，皆古先圣贤垂教无穷，所谓先得我心之同然者。凡吾心之所得，必以考之圣贤之书，脱有一字不同，更精思明辨，以益求至当之归。(《文集》卷四十二《答吴晦叔》)

朱子此等话，固像在竭力教人向外格物穷理，博学读书，其实一切都是尽心工夫。惟其如此才能真尽心，真识心。而当时学者不了此义，总认为有一心体存在，若认识了，则一切理自然从中流出，不烦再有研寻。朱子力斥此见。故说：

> 心固不可不识，然静而有以存之，动而有以察之，<small>静存动察，是朱子常爱说的话。</small>则其体用亦昭然矣。近世之言识心者则异于

是。盖其静也，初无持养之功。其动也，又无体验之实。但于流行发见处认得顷刻间正当意思，便以为本心之妙不过如是，擎夯作弄，做天来大事看。不知此只是心之用耳。_{此非"心之体"，仍只是"心之用"，此辨极精辟。}此事一过，此用便息。岂有只据此顷刻间意思，便能使天下事事物物无不各得其当之理？_{禅宗"作用是性"，正误在此处。}（《文集》卷五十六《答方宾王》）

因此朱子极不喜欢人讲彻悟心体那种渺茫话。彻悟心体的另一说法，便是所谓"见道"。朱子说：

> 道不是有个物事闪闪烁烁在那里。（《文集》卷四十五《答廖子晦》）

大抵这些讲顿悟见道的人，又爱说他是从源头上明白了，朱子又力斥其说。他谓：

> 如吾友所说，从原头来，却要先见个天理在前面，方去做，此正是病处。是先有所立卓尔，然后博文约礼也。若把这天理不放下，相似把一个空底物，放这边也无顿处，那边也无顿处。这天理说得荡漾，似一块水银，滚来滚去，捉那不着。又如水不沿流溯源，合下便要寻其源，凿来凿去，终是凿不得。（《语类》卷一一七）

三五　朱晦庵　211

所以朱子对心体、道体、天理、大本大原那些空头话,最不喜人讲。他说:

> 性命之理虽微,然就博文约礼实事上看,亦甚明白,正不须向无形象处东捞西摸,如捕风捉影,用意愈深,而去道愈远。(《文集》卷四十五《答杨子直》)

若真要讲吃紧人生,朱子教人"博文约礼"才是在人生上真吃紧。所以,朱子虽尽教人博文约礼,格物穷理,好像尽向外面事事物物上用工夫,但朱子对于心的一边,实在一些也不看轻,不放松。他说:

> 心与理一,不是理在前面为一物,理便在心之中。若理在前面为一物,便要如朱子所讥在本原上硬凿了。(《语类》卷五)

此心虚明,万理具足。外面会得者,即里面本来有底。所以我们若真个落实在人生实际的事为工夫上看,则朱子的话,实在一句也不错。只有朱子,能把宋代理学家的一切说法,切实上通到先秦儒孔孟传统。也只有朱子才真能辟佛,把佛家尤其是禅宗的种种病根,都挖掘净尽了。后人都称程朱为"理学",陆王为"心学",其实朱子讲心学方面的话是最精采的。他讲理先于气的本体论上,我们通其全体而观,也可说他讲的是"理气浑合的一元论",也可说其是讲的"性理一元论"，与先秦儒之"德性一元论"，还是一意相承。只是先秦时代重用一"德"字，朱子重用一"理"字，那是时代演进使然。明儒罗整庵，力尊朱学，但想驳正他理先于气的说法，这是整庵也不真懂得朱子。以后如清儒颜习斋、戴东原，他们所攻击朱子的，其实正是朱子当时在竭力攻击别人的，那又何曾真搔到前人的痛痒处？

三六　陆象山

朱子是宋学的集大成，但即在朱子同时，便有起来反对朱子的，那是陆象山。朱子讲"性即理"，象山则讲"心即理"。<small>当时人说陆子不喜欢言性。</small>

或问先生之学亦有所受乎？曰：

> 因读《孟子》而自得之于心也。（《语录》）

《孟子》是象山学脉，自得于心是象山学髓。他说：

> 心即理也，此心此理，不容有二。<small>罗整庵引孟子"义理之悦我心，犹刍豢之悦我口"，说可见心不即是理，若谓"此心同，此理同"，便无病。</small>（《语录》）

又曰：

> 尧、舜曾读何书来？若某则不识一个字，亦须还我堂堂地做个人。(《语录》)

朱、陆鹅湖之会，争辨异见，未得解决。朱子教人先泛观博览而后归之约，象山欲先发明人之本心而后使之博览。朱子以象山为太简，象山以朱子为支离。象山之学，正在"简"上着精神。他说：

> 今天下学者，惟有两途。一途朴实，一途议论。足以明人心之邪正，破学者窟穴矣。又说："千虚不博一实，我生平学问无他，只是一实。"(《语录》)

学者窟穴便在议论。象山云：

> 人心只爱去泊着事，教他弃事时，如鹘孙失了树，更无住处。(《语录》)

议论亦是泊着事。^{否则是虚。}他说：

> 读书须血脉骨髓理会，今学者读书只是解字，更不求血脉。(《语录》)

解字亦是泊着事。^{否则亦是虚。}总之解说议论全在外皮，不关自己血脉心髓。从来读书人自有此病，但朱子教人读书、教人解字，却正是教人在血脉骨髓处理会。尧、舜以前固是无书可读，但孔孟以后，却不能教人不再读书。象山所言极见精采，但终是有偏。他又说：

> 为学有讲明，有践履。必一意实学，不事空言，然后可以谓之讲明。（《文集》卷十二《答赵咏道》）

实则朱子也是重践履与一意实学，不能谓朱子于孔孟传统无讲明。象山又说：

> 老夫无所能，只是识病。（《语录》）
> 学者之病，随其气质，千种万态，何可胜穷。至于各能自知，能用力处，其致则一。（《语录》）
> 诚者自诚也，而道自道也，圣贤道一个自字煞好。（《语录》）

或问先生之学自何处入，曰：

> 不过切己自反，改过迁善。（《语录》）

傅子渊自象山处归其家，陈正己问曰："陆先生教人何先？"曰："辨志。"复问曰："何辨？"对曰："义、利之辨。"实际象山讲学宗旨，只此几句已尽。故曰：

> 今之论学者，只务添人底，自家只是减他底，此所以不同。（《语录》）

所以象山常教人"收拾精神"。他说：

> 人精神在外，至死也劳攘；须收拾作主宰。收得精神在内，当恻隐即恻隐，当羞恶即羞恶，谁欺得你？谁瞒得你？见得端的后，常涵养，是甚次第？（《语录》）

后人疑象山收拾精神与心不可泊一事之说为禅学，如陈建《学蔀通辨》。但象山讲义、利之辨，便知与禅学亦就有不同。象山最喜欢孟子"先立乎其大者"一语，他说：

> 大纲提掇来，细细理会去，如鱼龙游于江海之中，沛然无碍。（《语录》）

象山讲学，也实在只提掇一大纲。若真要细细理会，还得去请教朱子。

象山讲学，一面能指点出人病痛，一面能激发得人志气。他说：

> 此理在宇宙间，何尝有所碍？是你自沉埋，自蒙蔽，阴阴地在个陷阱中。（《语录》）
>
> 要当轩昂奋发，莫恁地沉埋在卑陋凡下处。（《语录》）
>
> 氂鸡终日营营，无超然之意，须是一刀两断，何故营营如此？营营底讨个什么？（《语录》）

象山讲学语，大体不过这些子。然在当时，与朱子平分江汉，后人并称为朱、陆。并谓"宋儒有朱、陆，乃千古不可合之同异，亦千古不可无之同异"。_{章实斋语}然朱、陆同异，要到王阳明手里，才始发挥尽致。

三七　王阳明

明代思想，大体承袭宋儒，到王阳明始另辟蹊径。他要发挥孟子、象山来和朱子对垒而提出他的"良知"之学，所以后人称程朱与陆王。

如何是阳明所说的"良知"呢？阳明说：

> 知善知恶是良知。（《传习录》下）
> 良知是天理之昭明灵觉处，故良知即是天理。（《传习录》中）

象山说"心即理"，阳明为他补足，说心有"良知"，自能分辨善恶，故人心之良知即天理。但知善知恶是能知之心，善恶是所知之理，其间是不是仍有分辨呢？阳明说：

> 良知只是个是非之心,是非只是个好恶,只好恶便尽了是非,只是非就尽了万事万变。(《传习录》下)

就宇宙论,是非不一定即是善恶。就人生界论,则是的便是善,非的便是恶。一是物理,_{即自然之理。}一是事理。_{即人文之理。}朱子把此合拢讲,阳明把此分开讲。阳明所谓天理,主要是指人生界之事理,不在泛讲天地自然。如是则把天理的范围弄狭窄了。阳明说这一种是非的最后标准,根本在人心之好恶。人心所好即是,人心所恶即非。所好所恶者,虽是外面的事物,但好之恶之者,是人的心。人心所好便是,人心所恶便非。若无我心好恶,外面事物根本无是非可言。_{此是非仍属人生界。}是是非非,我们称为天理,那天理岂不就是人心了吗?纵可说人心有时不知是非、善恶,但哪有不知好恶的呢?知得好恶,即就知得善恶,因此说"知善知恶是良知"。

人哪有不好生恶死?因此助长人生便是善,陷害人死便是恶。此理因人心之好恶而有,并不是在未有生命,未有人心好恶以前,便先有了此理。但人心既是好善恶恶,何以人生界乃至人心上,还有许多恶的存在呢?这便要说到阳明所谓之"知行合一"。

阳明所谓的"知行合一",不指工夫言,乃指本体言,是说知行本属一体。阳明弟子徐爱,因未会先生知行合一之训,来问阳明,阳明说:"试举看!"爱曰:"如今人尽有知得父当孝,兄当弟,却不能孝,不能弟,便是知与行分明是两件。"阳明说:

此已被私欲隔断,不是知行本体了。未有知而不行者。知而不行,只是未知。故《大学》指个真知行与人看。说"如好好色,如恶恶臭"。见好色属知,好好色属行。只见那好色时已自好了。不是见了后又立个心去好。<small>若不先好,则不知他是好色。</small>闻恶臭属知,恶恶臭属行,只闻那恶臭时已自恶了,不是闻了后立个心去恶。<small>若不先恶,则不知他是恶臭。</small>如鼻塞人见恶臭在前,鼻中不曾闻得,便亦不甚恶,亦只是不曾知臭。又如知痛,必已自痛了方知痛。知寒,必已自寒了。知饥,必已自饥了。知行如何分得开?此便是知行的本体,不曾有私意隔断的。(《传习录》上)

依照阳明这番话,人类知有孝,必已先自孝了。知有善,必已先自善了。<small>参看前述孟子论性善节。</small>如是则岂不又成了行先于知吗?我们若就宇宙自然言,除非如西方宗教家所说,行先于知是不错的。但若刻就人文界言,则人类一切行为莫不发于心,普通说心是知,不是行。故说心即理,说知行合一。却不说行先于知。阳明说:

> 知是行的主意,行是知的功夫。知是行之始,行是知之成。若会得时,只说一个知,已自有行在。只说一个行,已自有知在。(《传习录》上)

则阳明所谓心,是知行合一的。若把这番话推到宇宙界,来讲朱子的理气论，也可说理是气的主意，气是理的工夫。只说理，已有气。只说气，已有理。理气也是合一的。但阳明不也说"知是行之始"吗？则朱子说理先于气，岂不仍与阳明一致？这里却又有个分别。因为阳明说的"知"是活的、有主意的，朱子说的"理"是静的、无造作的。因此朱子说知只是觉，而阳明说知却有好。朱子只说心能觉见理，却没有说心之所好即是理。朱子是性与心分，阳明是性与心一。故朱子不得不把心与理分，而阳明则自然心与理一。

若心知只是觉，则知了未必便能行，因此心与理是二。若心知觉中兼有好，则知了自能行，因此心与理是一。阳明继此提出一"诚"字。他说：

> 凡学问之事，一则诚，二则伪。（《传习录》中）
> 杀人须就咽喉上着刀，吾人为学，当从心髓入微处用力。自然笃实光辉。虽私欲之萌，真是红炉点雪，天下之大本立矣。

又说：

> 以诚意为主，即不须添敬字。（《传习录》上）

此处阳明把"诚"字来代替"敬"字，此是阳明与程朱心学工夫上的主要分歧点。但此所谓心体之诚，说似容易，得之实难。人自有生以来，即有种种习染，积叠成私欲，如镜上尘埃，如水中渣滓，夹杂在心，把此心体之诚遮掩了，障碍了，隔断了。所以阳明说：

> 学者欲为圣人，必须廓清心体，使纤翳不留，真性始见，方有操持涵养之地。(《年谱》正德五年)

又说：

> 圣人之心如明镜，纤翳自无所容，自不消磨刮。若常人之心，如斑垢驳蚀之镜，须痛加刮磨一番，尽去驳蚀，然后纤尘即见，才拂便去，亦不消费力。到此已是识得仁体矣。若驳蚀未去。其间固自有一点明处，尘埃之落，固亦见得，才拂便去。至于堆积于驳蚀之上，终弗之能见也。(《答黄宗贤应原忠》)

又说：

> 平日好色好利好名之心，原未尝无。既未尝无，即谓之有。譬之病疟之人，虽有时不发，病根原不曾除。须是一应私心，扫除荡涤，无复纤毫留滞，而此心全体廓然，纯是天理，方是天下之大本。(《传习录》上)

如何般廓清心体呢？阳明最先常教人静坐，息思虑，使自悟性体。然阳明说：

> 俟其心意稍定，只悬空静守，如槁木死灰，亦无用。须教他省察克治。如去盗贼，须有扫除廓清之意。无事时，将好色好货好名等私逐一追究搜寻出来，定要拔去病根，永不复起，方始为快。常如猫之捕鼠，一眼看着，一耳听着，才有一念萌动，即与克去，斩钉截铁，不可姑容，与他方便。不可窝藏，不可放他出路，方是真实用功，方能扫除廓清，到得无私可克，自有端拱时在。（《传习录》上）

阳明此番工夫，略如横渠、伊川所谓"变化气质"，以及朱子所谓"静存动察"，尤其是佛家，对此种工夫，更是注意。阳明自己在龙场驿一段生活，正是这番工夫的真实践履。所以阳明说：

> 某于此良知之说，从百死千难中得来，不得已与人一口说尽。只恐学者得之容易，把作一种光景玩弄，不实落用功，负此知耳。（《年谱》正德十六年）

阳明这一番工夫，也可用近代心理学中所谓精神分析术的理论来加以解释。就普通日常人言，虽不致有如精神病者人格分裂等之现象，然实人人心中有一种"潜意识"与"显意识"

之不断冲突。此即先秦儒家之所谓天人交战，亦即宋明儒之所谓渣滓、障碍、夹杂。宋明儒所理想之"纯乎天理"，乃指一种最单纯最调和的心理境界而言。人心到此境界，其潜意识已全部融化，直从心坎深处到达外面行为，表里如一，全人格充实光明，更无丝毫掩饰伪装，或丝毫隐藏躲闪。即其全部的潜意识发展成全部的显意识，显、潜全体融合。此种理想的人格精神之圆满一致，即阳明所谓"良知之诚一"。此惟小孩童真心理，较相近似。然童真心理只是自然，此自然心态透入人文复杂环境中，便易丧失了。必待在人文环境中经历世故，由学问修养中磨练，再来回复此体。孟子所谓"大人者，不失其赤子之心者也"，即指此种心态之回复。阳明说此种心态：

> 只是一个良知，一个真诚恻怛。（《传习录》中）
> 发之事父便是孝，发之事君便是忠，发之交友治民便是信与仁。（《传习录》上）

这种心态真诚纯一，是自然的，但又是经过在人文环境中之甚深的洗炼的。如何获得此心态，则有两种工夫可做。上述静坐与省察克治，仅是消极工夫。阳明后来便教人"致良知"，教人"即知即行"，则是积极工夫。他说：

> 要此心纯是天理，须就理之发见处用功。<small>阳明他处称此为事上</small>

磨练。尔那一点良知，是尔自家准则。尔意念着处，他是便知是，非便知非，更瞒他一些不得。尔只不要欺他，实实落落依着他做去。(《传习录》上)

他又说：

今日知到这里，今日便行到这里。

如人走路般，走得一段，方认得一段。走到歧路处，有疑便问，问了又走，方渐能得欲到之处。今人于已知之天理不肯存，已知之人欲不肯去，只愁不能尽知。只管闲讲，何益之有？(《传习录》上)

圣人无所不知，只是知个天理。无所不能，只是能个天理。圣人本体明白，故事事知个天理所在，便去尽个天理。不是本体明后，却于天下事物都便知得便做得来也。(《传习录》下)

阳明又说：

此须识我立言宗旨。今人学问，只因知行分作两件，故有一念发动，虽是不善，然却未曾行，便不去禁止。我今说个知行合一，正要人晓得一念发动处便即是行了。发动处有不善，就将这不善的念克倒了，须要彻根彻底不使那一念不善潜伏在胸中，此是我立言宗旨。(《传习录》下)

现在我们把阳明的话，前后配合来看。人人都有良知，人人都能自知善恶，我们若自知此一念是恶，便该把此一念克了，须彻根彻底不使此一念潜伏胸中。我们若自知此一念是善，便该实实落落依着这一念做去。不要使潜藏在心底的和透露在外面的，日渐分成两橛。如此便是所谓"存天理，去人欲"。

> 如此则人欲日消，天理日明。（《传习录》上）

如此做法，便可到"此心纯乎天理"，即"知行合一"的境界。到达此境界的，便是所谓圣人。阳明说：

> 圣人之所以为圣，只是其心纯乎天理而无人欲之杂。犹精金之所以为精，但以其成色足而无铜铅之杂也。人到纯乎天理方是圣，金到足色方是精。然圣人之才力，亦有大小，犹金之分两有轻重。分两虽不同，而足色则同，皆可谓之精金。以夷、尹而厕之尧、孔之间，其纯乎天理同也。故虽凡人而肯为学，使此心纯乎天理，犹一两之金比之万镒，分两虽悬绝，而其到足色处可以无愧，故曰"人皆可以为尧、舜"。后世不知作圣之本，却专去知识才能上求圣人，不务去天理上着功夫，徒弊精竭力，从册子上钻研，名物上考索，形迹上比拟。知识愈广而人欲愈滋，才力愈多而天理愈蔽。正如见人有万镒精金，不务煅炼成色，而乃妄希分两，锡铅铜铁杂然而投，分

两愈增而成色愈下,既其梢末,无复有金矣。(《传习录》上)

可见阳明的良知之学,实在可称为是一种心体的实践论。与其说他着重知,毋宁说他更着重行。与其说他着重心,毋宁说他更着重事。所以阳明曾说:

> 目无体,以万物之色为体。耳无体,以万物之声为体。鼻无体,以万物之臭为体。口无体,以万物之味为体。心无体,以天地万物感应之是非为体。(《传习录》下)

可见阳明之意,除却对天地万物之感应,将不见有心。除却对此种感应之是非判别,将无所谓良知。所谓"致良知",只要叫我们去事上磨练。所谓事上磨练,只要叫我们立诚。所谓立诚,只要叫我们认识此知行合一之原来本体。一切所知的便是所行的。所行的便是所知的。平常往往把知、行划成两截,就内心言,往往潜意识与显意识暗藏着冲突。就人事言,往往心里想的与外面做的并不一致。种种利害的打算,把真性情隐晦了。这些都不是良知,都不是天理。人不须于良知外别求天理,真诚恻怛的性情,便是天理本原。须求自心的潜意识与显意识能融成一片,须求外面所行与内心所想也融成一片。全无障隔,全无渣滓,那便是真诚恻怛,那便是良知,那便是天理,那便是圣人。其实这还是人类心理一种原始的自然状态。照理,每一个人的心态,应该是完整的,在时间上应该先后一致，在空间上应该内外一致。但因人文世界的演进，愈来愈复杂，外面事变纷繁，利与害的关系复杂了，使得人人的心，都包蕴着种种的冲突和矛盾，潜藏在深处的和其襮露在浮面的不一致，内心所打算的和向外所表白的不一致。不仅人和人间有层层障隔，即自己心里也存在有种种之障隔。结果把原来心态，即孟子所谓"本心"，阳明所谓"良知"丧失了。那末这以后的表现，在阳明都称之为"人欲"。本来"天理"即由"人欲"而生，<small>此指原始的基本的单纯的好恶而言，故阳明说"只好恶便尽了是非"。好恶即"人欲"，是非即"天理"。</small>但后来则"人欲"阻碍了"天理"。<small>人文演进，利害纷歧，人心所欲，压积不畅遂，潜意识与显意识冲突而分裂。</small>道家释氏及西方宗教家，都注意到这一层，只所提理论的解释不同。又所提的解决办法亦不同。阳明则只就人文立场来解释，亦只就人文立场来提供办法，他遂创生出他所想象的人人良知畅遂流行的一种理想社会，此即阳明所谓"拔本塞源"之论。<small>见于其《答顾东桥书》之最后一节，收入《传习录》卷中。</small>他说：

> 圣人之心，以天地万物为一体。其视天下之人，无外内远近，凡有血气，皆其昆弟赤子之亲，莫不欲安全而教养之，以遂其万物一体之念。<small>此即张横渠《西铭》大义。惟阳明扣紧人心本体之自然状态来加以发挥，即成为"心即理"之坚强根据。</small>天下之人心，其始亦非有异于圣人也。特其间于有我之私，隔于物欲之蔽，大者以小，通者以塞。人各有心，至有视其父兄弟如仇雠者。圣人有忧之，是以推其天地万物一体之仁以教天下，使之皆有以克其私，去其蔽，以复其心体之同然。唐、虞、三代之世，

教者惟以此为教，而学者惟以此为学。当是之时，人无异见，家无异习，安此者谓之圣，勉此者谓之贤，而背此者虽启明如朱，亦谓之不肖。下至闾井田野农工商贾之贱，莫不皆有是学，而惟以成其德行为务。无有闻见之杂，记诵之烦，辞章之靡滥，功利之驰逐，而但使之孝其亲，弟其长，信其朋友，以复其心体之同然。是盖性分之所固有，而非有假于外者，则人亦孰不能之？学校之中，惟以成德为事，而才能之异，或有长于礼乐，长于政教，长于水土播植者，则就其成德而因使益精其能于学校之中。迨夫举德而任,则使之终身居其职而不易。用之者惟知同心一德以共安天下之民，视才之称否而不以崇卑为轻重，劳逸为美恶。效用者亦惟知同心一德以共安天下之民，苟当其能，则终身处于烦剧而不以为劳，安于卑琐而不以为贱。当是之时，天下之人，熙熙皞皞，皆相视如一家之亲。其才质之下者,则安其农工商贾之分，各勤其业以相生相养，而无有乎希高慕外之心。其才能之异若皋、夔、稷、契者，则出而各效其能，若一家之务，或营其衣食，或通其有无，或备其器用，集谋并力以求遂其仰事俯育之愿。故稷勤其稼而不耻其不知教，视契之善教，即己之善教也。夔司其乐而不耻于不明礼，视夷之通礼，即己之通礼也。盖其心学纯明而有以全其万物一体之仁，故其精神流贯，志气通达，而无有乎人己之分，物我之间。譬之一人之身，目视耳听，手持足行，以济一身之用。目不耻其无聪,而耳之所涉,目必营焉。足不耻其无执,而手之所采,足必前焉。盖其元气充周,血脉条畅,是以痒疴呼吸,感触神应,有不言而喻之妙。此圣人之学所以至易至简,易知易从,学易能而才易成者,正以大端惟在复心体之同然,而知识技能非所与论也。

三代之衰,王道熄而霸术昌。孔孟既没,圣学晦而邪说横。教者不复以此为教,而学者不复以此为学。盖至于今,功利之毒沦浃于人之心髓而习以成性也,几千年矣。相矜以知,相轧以势,相争以利,相高以技能,相取以声誉。其出而仕也,理钱谷者则欲兼夫兵刑,典礼乐者又欲与于铨轴。处郡县则思藩臬之高,居台谏则望宰执之要。故不能其事则不得以兼其官,不通其说则不可以要其誉。记诵之广,适以长其敖。知识之多,适以行其恶。闻见之博,适以肆其辨。辞章之富,适以饰其伪。是以皋、夔、稷、契所不能兼之事而今之初学小生皆欲通其说,究其术。其称名僭号,未尝不曰吾欲以共成天下之务,而其诚心实意之所在,以为不如是则无以济其私而满其欲也。呜呼!以若是之积染,以若是之心志,而又讲之以若是之学术,宜其闻吾圣人之教而视之以为赘疣枘凿。则其以良知为未足,而谓圣人之学为无所用,亦其势有所必至矣。(《传习录》中)

阳明这一番意见,可说是先秦《礼运篇》以下之又一种人类理想社会之提示。而且我们可以说：若无阳明良知学作根据，也断不能有《礼运》"大同世界"之出现。中国思想史里所最缺乏者是宗教，但中国虽缺乏了一种超世的神学的宗教，却另有一种入世的人文的宗教。儒家思想之最高发展，必然带有此种宗教精神作渊泉。"人皆可以为尧、舜"，便是此种人文教之最高信仰、最高教义。此种人文教之天堂，即是理想的现实社会。人若要在此种社会中生活，必先要在造成此种社会所必先期待的人人共有的某种心地中生活。_{此种心地，孔子称之为"仁"，孟子称之为"善"，阳明称之为"良知"。}只要某一人到达此种心地，此一人即已先生活在此种社会中。这是此种理想社会之起点。必待人人到达此种心地与生活，始是此种社会之圆满实现，始为此种社会之登峰造极。这是人类文化理想之最高可能。达到此种心地与生活的人，即是不朽的人生。_{此即叔孙穆子之三不朽。}而在其个人，实也早已不在期求他私人生命之不朽了。因其对私人生命的观念，早已融释在大群生命中，而失却其单独之存在。大群生命之不朽，即其私人生命之不朽。若照阳明的话来说，人类到此境界，便觉得人生古今，天地万物，只是一良知。所以说：

人心与天地一体，故上下与天地同流。（《传习录》下）

此是中国儒家思想中之一种唯心论，此乃一种人生实践的唯心论。与西方哲学家由纯思辨中得来的唯心论不同。而此种人生实践又必然带有中国传统的宗教精神，即我所谓入世的人文教的精神。此又与西方超世的神学的宗教精神不同。我们要把握到这一精神，最简易直捷的道路，是从阳明上透到孟子。

但阳明思想自然也不免有流弊。其最受后人攻击批驳的，是其晚年所讲的"四句教"。即所谓天泉桥问答者是。《传习录》下卷载：^{黄省曾录。}

丁亥年九月，^{明年七月阳明卒。}先生征思田，将行，德洪与汝中^{钱绪山、王龙谿。钱、王是王门最大二弟子。}论学。汝中举先生教言曰："无善无恶心之体，有善有恶意之动，知善知恶是良知，为善去恶是格物。"德洪曰："此意如何？"汝中曰："此恐未是究竟话头。若说心体无善与恶，意亦是无善无恶的意，知亦是无善无恶的知，物亦是无善无恶的物。若说意有善恶，毕竟心体还有善恶在。"德洪曰："心体是天命之性，原是无善无恶的。但人有习心，意念上见有善恶在。^{《年谱》曰："为善去恶，正是复那本体工夫。"}若原无善恶，功夫亦不消说矣。"是夕，侍坐天泉桥，各举请正。先生曰："我今将行，正要你们来讲破此意。二君之见，正好相资，不可各执一边。^{《年谱》曰："汝中须用德洪功夫，德洪须透汝中本体。"}我这里接人，原有此二种。利根之人，直从本原上悟入。人心本体原是明莹无滞的。原是个未发之中。利根之人一悟本体，即是功夫，人己内外，一齐俱透了。其次不免有习心在，本体受蔽，姑且教在意念上实落为善去恶。功夫熟后，渣滓去得尽时，本体亦明尽了。汝中之见,是我这里接利根人的。德洪之见,是我这里为其次立法的。二君相取为用,则中人上下,皆可引入于道。若各执一边,眼前便有失人。便于道体各有未尽。"既而曰:"以后与朋友讲学,切不可失了我的宗旨。无善无恶是心之体,有善有恶是意之动,知善知恶是良知,为善去恶是格物。只依我这话头随人指点,自没病痛。《年谱》曰:"二君以后,再不可更此四句宗旨。我年来立教,亦更几番,今始立此四句。"此原是彻上彻下功夫。利根之人,世亦难遇。本体功夫一悟尽透,此颜子、明道所不敢承当,岂可轻易望人?人有习心,不教他在良知上实用为善去恶功夫,只去悬空想个本体,一切事为俱不着实,不过养成个虚寂。此病不是小小,不可不早说破。"是日德洪、汝中俱有省。

这是阳明的最后一番话。绪山、龙豀是阳明大弟子,追随阳明最久,这番记载,又见于绪山《阳明年谱》,又见于《龙豀集·天泉证道纪》,惟所载与《年谱》《传习录》语气轻重有别。这实在是阳明的晚年定论。后来人尤其如东林学派之顾宪成极力攻击他"无善无恶心之体"一语,其实阳明早说,只好恶就尽了是非,良知的好恶属先天,人间的善恶属后天,一切人生文化,最先本原,还是一大自然。除非如西方宗教般,有一上帝创世,否则此大自然,自无善恶可言。朱子、康德则要在哲学思辨上为宇宙建立一原始的至善来。然一切人间之善,必然从此大自然中孕育,亦必仍归到此大自然而融合一致。此即中国儒家思想之所谓"天人合一"。孟子性善与阳明良知发挥此义最透切,其次则《易·系辞》。庄老和佛法,对此无善无恶之大自然，未免太悲观了。而荀卿则主张以人戡天，纯粹以文化力量来推翻此大自然，皆非中国思想史里的正统。

我们读了上引的一节记载，最容易使我们记忆起佛家禅宗祖师们的语录来。宋明理学，本来受禅宗影响极大，阳明更富禅宗味。儒门阳明，极似佛家六祖。但六祖只归宿到清净涅槃，阳明则要建立起理想的人类文化之最高可能境界，这是显然相异处。

三八　清代

融释归儒，是宋明儒在中国思想史上的大贡献。但宋明思想，终是偏重个人，偏重内心，偏重于静修的一面。阳明是宋明思想一结穴，但亦到阳明而宋明思想得一新开展。他虽讲个人良知，但其精神着眼，则普及到人类之大全体。他虽讲心即理，但亦廓大及于人生一切智识才能及事业。讲良知虽侧重人心之同然，但亦顾及人与人之个性相异。讲良知虽侧重个人伦理，但亦开展到政治社会之各方面。<small>细读《拔本塞源论》可见。</small>但阳明大体上依然还是宋明精神。到晚明诸儒起来，激于王学流弊，又受时代刺激，颇想由宋明重返到先秦。他们的思想，显然从个人转向于社会大群，由心性研讨转向到政治经济各问题。由虚转实，由静返动。由个人修养转入群道建立，这是晚明儒思想上一大转变。东林学派是其先驱。惜乎晚明局面，糜烂腐败，不可挽回。经历满洲入关之大变动，学术思想上更受急剧之刺激，更有急剧之转向。一大批晚明遗老，他们成学著书，都已在清代，他们的精神意气，实在想为此后中国学术思想界另辟一新天地。而清代的高压政权，已使这些思想嫩芽，不能舒展长成，而全归夭折了。此后遂完全走入古经籍之考据训诂中作逃避现实之畸形发展，这是最可惋惜的。此下姑举清初王船山、颜习斋，以及乾嘉盛时的戴东原、章实斋四人来述说这一代的思想。

三九　王船山

清代思想,是一种历史的反省,是一种综合的批评。他们对以往思想界,指摘疵病,动中窾要。但他们为时代所限,都是异军突起。除掉古经籍之考证训诂一途外,绝少能递有继承,蔚成风气的。船山思想最为博大精深,但亦及身而绝,没有传人。

船山极推尊横渠与朱子,但船山思想之精深处,在能注重到人文演进之大历程,在能根据个人心性而推演出人文繁变。由"心学"转到"史学",此是由宋明重归先秦一大节目。他反对形上为道、形下为器之传统见解。他说:

> 天下惟器而已。苟有其器,岂患无道?洪荒无揖让之道。唐、虞无吊伐之道。汉、唐无今日之道。则今日无他年之道。未有弓矢,无射道。未有车马,无御道。

> 未有牢醴璧币钟磬管弦,则无礼乐之道。未有子,无父道。未有弟,无兄道。故无其器则无其道。如舍此而求诸未有器之先,亘古今,通万变,穷天地人物而不能为之名,况得有其实乎?(《周易外传》卷五)

道家言虚,释氏言寂,往往喜欢推衍到宇宙人生开始之前。但船山谓他们言虚寂,仍逃不掉是器之虚寂。脱离了器,连虚寂的观念也不可得。有器则必有用,船山本此推演,来反对传统的体用观念。他说:

> 天下之用,皆其有者也。吾从其用而知其体之有,岂待疑哉?故善言道者,由用以得体。不善言道者,妄立一体而消用以从之。乘其聪明之变,施丹垩于空虚,而强命之曰体,何如求之感而遂通者,日观化而渐得其原也。故执孙子而问其祖考,则本支不乱,过宗庙墟墓,而孙子之名氏其有能亿中之者哉。(《周易外传》卷二)

宇宙间一切原理,人生间一切法则,据史学、科学立场,应该从当前实有可见之现象,逐渐向前推溯,此即船山所谓"日观化而渐得其原",亦即所谓"由用以得体"。但照宗教、哲学的思维惯例,则他们总爱凭空先构成一大理论,其实则是一大幻想。而把此后种种现实变化,勉强附会牵合。不合的,则加以排拒与蔑弃。此即船山所谓"施丹垩于空虚","妄立一体而消用以从之"。船山这一剖辨，是纯粹思想方法上的剖辨。依照船山论点，自能引人更注意到当前的与向后的，而较少注意其开头处与原始处。

以上道器体用之辨，可说是船山之宇宙论。以下再述说他的心性论。

船山对于人性与天命的观念，亦有其一贯而更深邃的观察。他说：

> 性者，生理也，日生则日成也。天命岂但初生之顷命之？天之生物，其化不息。幼而少，少而壮，壮而老，亦非无所命。形日以养，气日以滋，理日以成。方生而受之，一日生而一日受之。故天日命于人，人日受命于天。惟命之不穷而靡常，故性屡移而异。未成可成，已成可革。性也者，岂一受成侀，不受损益哉？故君子之养性，行所无事，而非听其自然。（《尚书引义》卷三）

就生物学言，人类性格之形成，后天环境与先天遗传，同样是决定的因素。而且推溯向前，所谓先天遗传，多半还是从后天环境而来。若直向先天推溯，势必要迷入虚无。所以船山说：

> 古之善言性者，取之有生之后，阅历万变之知能。（《诗广传》卷四）

可见船山论性，其视后天人事，毋宁更重于其视先天之命。_{若把此意来讲朱子之"性即理"，则必然别有一新境界。故知船山虽推尊朱子，实与朱子意趣有别。}因此船山极不喜一种人生的消极态度。凡在哲学上悬空先立一本体，与在宗教上提出一最先原因者，其对宇宙广大人事繁变之终极态度，必然要归宿到消极。所谓消极者，即是对宇宙人生一切可能之变来横加一拘限，以求合于其所主张之本体与最先原因。佛、老皆犯此病。船山曰：

> 有即事以穷理，无立理以限事。（《续春秋左氏传博议》卷下）

这是思想态度上一极大分辨。他又说：

> 佛、老皆托损以鸣修，遂并其清明之嗜欲，强固之气质，概衰替之，以游惰为否塞之归。（《周易外传》卷三）

船山因反对此种消极的人生态度，遂改倡一种积极的引导的主动的人生论。他说：

> 为治水之术者，曰陻其所自溢，是伯鲧之术，而白圭袭之。天下固有此洚洞浩瀚之流，行之地中，中国自足以胜之。惊其无涯而陻以徼幸，不祥莫大焉。无以胜之而欲其不生，则将谓稻麦生夫饥，丝麻生夫寒，君师生夫乱，父母生夫死。亦避祸畏难之私，与禽兽均焉而

三九 王船山　　241

已。且欲禁天下之动,亦恶从而禁之?莫如舍君子而野人,舍野人而禽鱼,舍禽鱼而块土。则虚极静笃,长年永日而冥安矣。(《周易外传》卷六)

人类文化不能无病。凡惊睹人类之文化病而求回归自然者,都不免想把天地自然来一逆转。其实若真歌颂自然,则人类文化即由自然演生,文化亦即自然之一态,如洪水般,只有善道,不能陻塞。

上述船山论"性",此下再述船山之论"心"。此更为船山思想之精采处。他说:

心无非物也,物无非心也。此实与阳明心无体,以天地万物感应之是非为体之说相通。船山虽力斥阳明,然其论学精神,却多相近似。凡治思想史者,必破除门户,另窥异同。切忌只就皮相着眼。拈此以为一例。(《尚书引义》卷一)

执一以废百,拒物而自立其区宇。其勤也,墨氏之胼胝。其敬也,庄氏之心斋。其恃己以忘民岩之险阻,而谓天变不足畏,人言不足恤,如王安石之乱宋。堕民依之坊表,而谓五帝不可师,三王不足法,如李斯之亡秦。其拒物而空之,别立一心以治心,如释氏心王心所之说。归于莽荡。固莫如叛君父,芟须发,以自居于意生身之界。而诧于人曰:"吾严净也,敬以为所也。吾精进也,无逸以为所也。"其祸人心,贼仁义,尤酷。(《尚书引义》卷五)

大凡人太重视自己的心，把来和外面隔绝，自立区宇，便不免要犯船山上述的种种病痛。但船山上述，还只限于积极的宋儒所讲"敬"的心态之病。此外还有一消极的宋儒所讲"静"的心态之病，船山亦揭发无遗。船山说：

> 心无相续之因，则固可使暂澄。自好之士，厌饫于恶而思返，矫敝于已末，分析人心之动机，嗒然丧据，因铲灭以观其静，则人心之下游，壅闭停洄，如隔日疟之有间。斯其时，非无清朗虚涵之光影，如蕉空中，如水映月，迷留玩悦，因以为妙道之攸归。终身处堂以嬉，于人心之中而信滨危之可保，是犹秦兵南向，而田建堕防，拖雷北返，而似道奏功。则共城松柏之歌，皋亭潮水之恨，终与桀、纣均亡矣。（《尚书引义》卷一）

这是说以静治心之不可恃。宋儒常讲"敬"与"静"，实际是陷入老、释旧窠臼，船山所言，可谓深中其症结。船山继此乃提出其积极的主张，首先是认为身、心不可分。他说：

> 心之神明，散寄于五藏，待感于五官。一藏失理，而心之灵已损。一官失用，而心之灵已废。其能孤挠一心以绌群明而可效其灵乎？（《尚书引义》卷六）

其次认为心、物不可分。他说：

> 己有物而绝物，则内戕于己。物有己而绝己，则外贼乎物。物我交受其戕贼，而害乃极于天下。况欲绝物者，固不能充其绝。（《尚书引义》卷一）

心不能与身离，不能与物绝，又不能无前后之相续。他说：

> 前际不留，今何所起？后际不豫，今将何为？（《尚书引义》卷五）

庄周有丧我坐忘之谈，释氏有前后际断，不思前不思后见父母未生前本来面目之说，这些都像是抹杀了心用来寻觅心体。其实是看不起此一切心之用，遂像存心在破坏此一心之体。宋明儒因再看重此一切心之用，遂始努力想再建立此心之体。但他们所想建立者，仍不免是一个纯思维的、纯理论的、纯抽象的体。换言之，他们所想建立之体，仍不免是偏于理而忽了事，偏于心而忽了物，如是则仍不免要偏于体而忽了用。船山思想之大贡献，则在直捷承认此宇宙界乃及人生界之事体与物体，而于事体上穷理，物体上识心。他之所谓体，简言之，只是一有，只是一生。<small>若用朱子话，则只是一气。</small>故说：

> 夫可依者有也，至常者生也。既已为人矣，非蚁之仰行，则依地住。非螾之穴壤，则依空住。非蜀山之雪蛆不求暖，则依火住。非火山之鼠不求润，则依水住。

以至依粟已饥，依浆已渴。粟依土长，浆依水成。依种而生，依器而挹。以萁种粟，粟不生。以块取水，水不挹。枫无柳枝，栗无枣实。成功之退，以生将来。取用不爽，物物相依。不动之常，惟以动验。既动之常，不待反推。故贱形必贱情，贱情必贱生，贱生必贱仁义，贱仁义必离生，离生必谓无为真，而谓生为妄，而二氏之说昌矣。(《周易外传》卷二)

可见天地间一切有、一切生、一切形、一切情，皆是真实无妄，一切"用"皆依之而起。无论我们就哲学思维立场，称此为"体"亦可，不称为"体"亦可，而若要求其常可依待，取用不爽，则舍此莫属。船山思想在此一点上，是最爽朗、最坚决的。所以说：

天下之志亦浅矣，而求其通则深。天下之务亦大矣，而溯所成则几。极天下之固有，攘君谇母，皆志之所必悉。极天下之大有，酒浆瓜枣，皆务之所必勤。(《周易外传》卷五)

船山思想之主要集中点，还是此宇宙界人生界一切固有、大有之"有"。我们的智识才能，应该就此"有"上开展向前，所以船山的人生态度是主纵不主遏。他说：

不肖者纵其血气以用物，非能纵也，遏之而已矣。

纵其目于一色，而天下之群色隐。纵其耳于一声，而天下之群声阕。纵其心于一求，而天下之群求塞。无遏之者，无所不达矣。故曰形色，天性也。形其形，而无形者宣。色其色，而无色者显。纵其所堪，而昼夜之通，鬼神之撰，善恶之几，吉凶之故，不虑而知，不劳而格，无遏焉而已。

（《诗广传》卷四）

"纵其所堪，无遏焉而已"，此是船山对人生界之基本主张。若果我们对宇宙、对人生，都能纵其所堪而无遏，则此大自然中早已酝酿出人生，在此人生中也早已发展出文化，人生大道，自该就此文化历程日益向前。因此船山极反对庄老归真返朴之自然观。他说：

朴之为说，始于老氏，后世习为美谈。朴者，木之已伐而未裁者也。已伐则生理已绝，未裁则不成于用。终乎朴则终乎无用矣。养其生理自然之文，而修饰之以成乎用者，礼也。（《俟解》）

"养其自然修饰之以成用"，这可谓是船山对人文演进之基本态度。

清代思想，大体上都有由宋明返先秦之大趋向。只有船山理论，更圆宏，更深透。惜乎船山思想及身而绝，后无传人，直要到晚清，他的著作才始流布。

四〇　颜习斋

船山思想，就外貌论，是反阳明，尊横渠、朱子的。颜习斋才始正式反对程朱，反对宋儒。他说：

> 必破一分程朱，始入一分孔孟。孔孟、程朱，判然两途。

（《年谱》五十八岁）

他又说：

> 请画二堂，一堂上坐孔子，剑佩、觿、决、杂玉，革带、深衣，七十子侍。或习礼，或鼓琴瑟，或羽籥舞文，干戚舞武。或问仁孝，或商兵农政事。壁间置弓矢钺戚，箫磬算器马策，及礼衣冠之属。一堂上坐程子，峨冠博带，垂目坐如泥塑。如游、杨、朱、陆者侍，或返观静坐，

或执书伊吾，或对谈静敬，或搁笔著述。壁上置书籍字卷，翰研梨枣。此二堂同否。(《年谱》四十五岁)

又曰：

训诂、清谈、禅宗、乡愿，有一皆足以惑世诬民。宋人兼之，乌得不晦圣道，误苍生？(《习斋记余》卷三《寄桐乡钱生晓城》)

习斋谓宋儒大误，在教人静坐与读书。

天下兀坐书斋人，无一不脆弱，为武士农夫所笑，此岂男子态？(《存学编》卷三)

他说：

书之病天下久矣。使生民被读书者之祸，读书者自受其祸，此局非得大圣贤大豪杰不能破。(《言行录》卷上)

千余年来，率天下入故纸堆中，耗尽身心气力，作弱人、病人、无用人，皆晦庵为之。又曰："朱子论为学，只是论读书。"(《朱子语类评》)

率古今之文字，食天下之神智。(《四书正误》卷四)

读书愈多愈惑，审事机愈无识，办经济愈无力。(《朱

子语类评》）

圣贤之言可以引路。今乃不走路，只效圣贤言。每代引路之言增而愈多，卒之荡荡周道，鲜见其人。（《存学编》卷三）

空言相续，纸上加纸。（《习斋记余》卷一《大学辨业序》）

又说：

人心如水，但一澄定，不浊以泥沙，不激以风石，虽渠沟盆盂之水，能照百态。今使竦起静坐，不扰以事为，不杂以旁念，敏者数十日，钝者三五年，皆能洞照万象。然天地间岂有不流动之水？岂有不着地不见泥沙不见风石之水？一动一着，仍是一物不照。（《存人编》卷一）

盖镜中花，水中月，去镜水，则花月无有也。即使其静功绵延，一生不息，其光景愈妙，虚幻愈深，正如人终日不离镜水，玩弄其花月一生，徒自欺一生而已。（《存学编》卷二）

故空静之理，愈谈愈惑。空静之功，愈妙愈妄。（《存人编》卷一）

为主静空谈之学久，必至厌事废事，遇事即茫然。故误人才，败天下事者，宋人之学也。（《年谱》）

又曰：

> 专向静坐收摄徐行缓语处言主敬，乃是以吾儒虚字面，做释氏实工夫。(《存学编》卷四)

然则习斋之所谓学者究是何事？他自己说：

> 外六府三事而别有学术，便是异端。外三物而别有学术，便是外道。(《言行录》卷下)

"六府"谓金、木、水、火、土、谷，"三事"谓正德、利用、厚生，"三物"为六德、六行、六艺。"六德"谓知、仁、圣、义、忠、和，"六行"谓孝、友、睦、姻、任、恤，"六艺"谓礼、乐、射、御、书、数。"六府三事"见《左传》，文公七年，又见伪《古文尚书·大禹谟》。"三物"见《周官》。习斋是要根据古经典遗训来推翻宋儒。他又说：

> 如天不废予，将以七字富天下：垦荒，均田，兴水利。以六字强天下：人皆兵，官皆将。以九字安天下：举人才，正大经，兴礼乐。(《年谱》五十五岁)

这是习斋根据他所受晚明亡国惨祸之亲身经验而发出的呼声。习斋思想之中心观点是一个"习"字。他说：

> 心中惺觉,口中讲说,纸上敷衍,不由身习,皆无用。(《存学编》)

"习"便是做事。他说:

> 学须一件做成,便有用,便是圣贤一流。试观虞廷五臣,只各专一事,终身不改,便是圣。孔门诸贤,各专一事,不必多长,便是贤。汉室三杰,各专一事,未尝兼摄,亦便是豪杰。<small>习斋此意见,应与阳明《拔本塞源论》同看。</small>(《言行录》卷下)

"习"便是行动。他说:

> 人心,动物也。习其事,则有所寄而不妄动。释氏寂室静坐,绝事离群以求治心,不惟理有所不可,势亦有所不能,故数珠以寄念。(《言行录》卷上)

又曰:

> 三王、周、孔,皆教天下以动之圣人也,皆以动造成世道之圣人也。汉、唐袭其动之一二以造其世。晋、宋之苟安,佛之空,老之无,周、程、朱、邵之静坐,徒事口笔,总之皆不动也。而人才尽,圣道亡矣。(《言行录》卷下)

要注重学与习与动，便脱离不了外面的物，此即宋儒之所谓"气"。他说：

> 若谓气恶则理亦恶，若谓理善则气亦善。譬之目，眶疱睛，气质也。其中光明能见物者，性也。将谓光明之理专视正色，眶疱睛乃视邪色乎？（《存性编》卷一）
>
> 程朱惟见性善不真，反以气质为有恶，而求变化之，是戕贼人以为仁义，远人以为道矣。（《存性编》卷二）
>
> 孔、孟而前责之习，使人去其所本无。程朱以后责之气，使人憎其所本有。（《存性编》卷一）

要注重学与习与动，也就脱离不了各人的身以及整个人生之大集团，以及其环境，此即所谓"世"。故习斋说：

> 求道者，尽性而已。尽性者，实征之吾身而已。征身者，动与万物共见而已。吾身之百体，吾性之作用也。一体不灵，则一用不具。天下万物，吾性之措施也。一物不称其情，则措施有累。合内外，成人己，通身世，打成一片，一并做工。（《存性编》）

而习斋所理想中的学与习与动之最高范畴，则是儒家之"礼乐"。他说：

圣人画衣冠，饬簠簋，制宫室，第宗庙，辨车旗，别饮食，或假诸形象羽毛以制礼，范民性于升降、周旋、跪拜、次叙、肃让。又镕金琢石，窍竹纠丝，刮匏陶土，张革击木，文羽籥，武干戚，节声律，撰诗歌，选伶佾以作乐，调人气于歌韵舞仪。畅其积郁，舒其筋骨，和其血脉，化其乖暴，缓其急躁，而圣人致其中和以尽其性践其形者在此，致家国天地之中和以为位育，使生民天地皆尽其性践其形者亦在此。(《习斋记馀》卷四《与何茂才千里书》)

习斋的着眼点，一面好像全在事物上、在身世上、在功利上，但其另一面，则全在心性上、在道上。而其双方绾合之点，则全在礼乐上。他的理想境界，是以事物功利为本位，以人生为中心，而以性道为最高标准的一个凝合体。习斋之学，一传为李恕谷，惜乎也更无嗣响。河北颜、李，一样如湘中船山之学般，响绝音沉了。

四一　戴东原

晚明诸儒，思想上的贡献，可记述者还多，然大体都是从宋明儒一转手，一面虽亦建基于个人的心性修养，另一面都想扩大到身世事功的积极表现。汉、唐儒是沿袭了先秦的事功理想，而渐渐忽略了先秦的心性认识。因此在心性修养方面，消极的便走入庄老，积极的便皈依释氏。禅宗始想再从释家出世精神转身重归尘俗。宋明儒则再从禅宗进一步，来讲修、齐、治、平。但他们思想的侧重点，则仍在个人心性上。晚明儒，始正式要从个人心性转移到身世事功。船山、习斋可作代表。然那时早已在满洲部族政权高压之下，此派思潮无法畅流，以下便转入博古考据的道路。到乾、嘉时代，算戴东原还能在思想上重申前绪。东原思想，还是与王、颜相似，这是清代思想界一大趋向，无人可以自外。东原思想备见于其所著《原善》《绪言》《孟子字义疏证》之三书。

东原亦如习斋般力辟程朱,他说:

> 有天地然后有人物,有人物而辨其资始曰性。人与物同有欲。欲者,性之事。人与物同有觉。觉者,性之能。欲不失之私,则仁。觉不失之蔽,则智。仁且智,非有所加于事能也,性之德也。(《原善》卷上)

从前程朱说"性即理",把人性与人欲隔绝了,"性"成为全善的,然亦只是想象的。东原说"欲者性之事"。性只是一些欲与倾向。因有欲,始才有觉。觉是求达所欲的一种能。要其欲而公,觉而明,始是仁且智,始是善。则性不是全善的,但善却由性中生。此说较近先秦古谊。

性是自然的,但人之智能,则该在自然中推寻出一常然来。常然仍在自然之中,仍是一自然,并非于自然之外另有所添,因此到达常然,还是一本然。东原说:

> 言乎自然之谓顺,言乎必然之谓常,言乎本然之谓德。天下之道尽于顺,天下之教一于常,天下之性同于德。(《原善》卷上)

不顺自然,不能成为道。不达必然,不能成为教。自然可以万异,但必然则归一同。一同之谓德,但此德本已在自然中,故称本然。欲与觉之私与蔽,可以万异,但终必到达仁与智之境界。

四一 戴东原

仁与智从自然中演出而非违于自然,故说是性之德。

东原既以欲释性,自然要说到"情"。他说:

> 既有欲矣,于是乎有情。既有欲有情矣,于是乎有巧与智。生养之道存乎欲,感通之道存乎情。二者自然之符,天下之事举矣。尽美恶之极致存乎巧,宰御之权由斯而出。尽是非之极致存乎智,贤圣之德由斯而备。二者亦自然之符,精之以底于必然,天下之能举矣。(《原善》卷上)

天地间一切人事,本原在情与欲,期望在各自之生养与相互间之感通。但求其到达一美的是的境界,则需人之智与巧。智与巧是能,但仍在自然中,只从自然中推籀出一个必然来。

> 归于必然,适全其自然,此之谓自然之极致。(《原善》卷上)

能达此种自然之极致者只有人,因人有知,物无知。

> 物不足以知天地之中正,是故无节于内,各遂其自然,斯已矣。人有天德之知,能践乎中正,其自然则协天地之顺,其必然则协天地之常。莫非自然也,物之自然不足语于此。(《原善》卷中)

我们应该分自然为两种：一是物理的自然，一是人文的自然。我们也可说，人是自然之极致，圣人则是人之极致，善是性之极致。人类不能全达到此自然之极致，此乃人之未尽其才。东原说：

> 人之不尽其才，患二：曰私，曰蔽。去私莫如强恕，解蔽莫如学。（《原善》卷下）

以上是东原《原善》书中的大旨。东原思想之更大贡献，在其对"理"字之分析。他说：

> 理非他，盖其必然也。期其无憾无失之为必然，乃要其后，非原其先。乃就一物而语其不可讥议，奈何以虚语夫不可讥议，指为一物，与气浑沦，而成主宰枢纽其中也。（《绪言》卷上）

理只指自然演进中之一种必然的条理。并非在自然演进之前，先有一必然存在。亦非另有一必然，处在自然中，而作为自然之主宰与枢纽。故曰：

> 就天地人物事为，求其不易之则是为理。（《绪言》卷上）

则理不在事外，亦不在事前，亦非别有一物在事之中。故曰：

> 必然之与自然，非二事也。就其自然，明之尽，而无几微之失焉，是其必然也。如是而后无憾，如是而后安，是乃圣贤之所谓自然也。(此即自然之极致。自然有动进之一面。)彼任其自然而失者无论矣，(禽兽草木，皆任其自然，无动进。)贵其自然，静以保之，而视问学为用心于外。及其动应，如其才质所到，亦有自然不失处。不过才质之美，偶中一二。若统其所行，差谬多矣。且一以自然为宗而废问学，其心之知觉有所止，不复日益，差谬之多，不求不思，终其身而自尊大，是以圣贤恶其害道也。(朱子之格物穷理即在此。陆王主心即理之流弊亦在此。)(《绪言》卷上)

大抵一说到自然，人便追溯到已往去，认为自然状态在先，不在后。此因不知有自然之演进，并不知有人文的自然，不知有自然之极致。庄老、清谈、禅宗，即宋学家中或多或少，都犯此病。他们总想在避免一切人力和智巧的情况下来窥探人生自然之本来状态。他们不知由人文境界言，自然也有差谬。必求自然之极致，始可无差谬。而此自然之极致，也决非违逆自然。

东原又谓：

> 古人多言命，后人多言理，异名而同实。命者非他，就性之自然，察之精，明之尽，归于必然，为一定之限制，是乃自然之极则。若任其自然而流于失，转丧其自然，而非自然也。故归于必然，适完其自然。(《绪言》卷上)

理只是指的自然中许多条理。到达此条理，不可逾越，此即自然之限制，故古人称之为"命"。但有看似限制而并非限制、看似不可逾越而仍可逾越者，若遽在此处看似止步，此是穷理未尽，此依然是一种不知命。仍未到达自然之极限，此即于性有未尽。未尽其性，亦即是不知天，不知命。要尽性，便该对自然"察之精，明之尽"，此是尽心。故孟子说"尽心可以知性，尽性可以知天"。只孟子仅从情之推扩处说，而此种推扩，则有赖人之智慧对外面自然之真了解。故东原说：

躬行而知未尽，曰仁曰诚，未易几也。此乃程朱胜陆王处。(《绪言》卷中)

故理义非他，所照所察者之当否也。何以得其当否，心之神明也。(《绪言》卷中)

东原根据此基本观点来衡量各派思想之异同得失。他说：

孔、孟之异于老聃、庄周、告子、释氏者，见乎天地人物事为有不易之则之为必然，而博文约礼以渐致其功。荀子见于礼义为必然，见于不可徒任自然，而不知礼义即自然之极则。宋儒亦见于理为必然，而以理为太极，为生阳生阴之本，盖以必然非自然之极则，一似理亦同乎老聃、庄周、告子、释氏之所指。老聃、庄周、告子、释氏，以自然为宗，去其情欲之能害是者，即以为已足。

四一　戴东原

周子濂溪论学圣人，主于无欲。王文成阳明论致知，主于良知之体。皆以老、释废学之意论学，害之大者也。濂溪志伊尹之所志，学颜子之所学，实无此病。阳明之《拔本塞源论》，亦可无此病。惟陆王末流，实有废学之意。(《绪言》卷下)

以上是东原《绪言》书中的大义。直到东原第三部著作《孟子字义疏证》，始对"理"字再提出一新见解。他说：

理也者，情之不爽失也。未有情不得而理得者也。天理云者，言乎自然之分理也。自然之分理，以我之情絜人之情而无不得其平是也。(《孟子字义疏证》卷上)

自然既可有物理的与人文的之别，则自然之理亦可有物理与情理之别。人生即是一自然，而人生一切主要动机，皆属于人之性情与欲望。则研穷自然之理，如何能蔑弃人之情欲于不顾。宋儒把天理、人欲过分严格划分，终是一大偏陷。东原始正式对此大肆抨击。他说：

理者存乎欲者也。(《孟子字义疏证》卷上)

凡事为皆有于欲，无欲则无为矣。有欲而后有为，有为而归于至当之谓理。无欲无为，又焉有理。(《孟子字义疏证》卷下)

就物理的自然言，无器则无道，无气则理无处挂搭。就人文自然言，则无欲即亦无理。但深一层言之，东原亦把理的范围看狭窄了，其病亦从陆王来。但陆王言"心即理"，东原却说"欲即理"，流弊会更大。东原又说：

> 通天下之情，遂天下之欲，权之而分理不爽是谓理。

（《孟子字义疏证》卷下）

东原之意，情欲是一切人文真理之本原。若人无情欲，则根本将无人文之理。一切只剩"物理"而止。但在人群中分别理、欲，亦是人文真理。东原之言，终不免于偏激。东原又本此而力辨古今言理之大别。他说：

> 古之言理也，就人之情欲求之，使之无疵之为理。今之言理也，离人之情欲求之，使之忍而不顾之为理。（《孟子字义疏证》卷下）
>
> 苟舍情求理，其所谓理，无非意见也。未有任其意见而不祸斯民者。（《孟子字义疏证》卷上）

求物理可以舍情求之，求人事之理，绝不该舍情而求之。然情与欲亦究当有辨。东原又曰：

> 理欲之辨，谓不出于理则出于欲，不出于欲则出于理。其言理也，如有物焉，得于天而具于心，于是未有不以

意见为理之君子。理欲之辨，适成忍而残杀之具。(《孟子字义疏证》卷下)

视人之饥寒号呼，男女哀怨，以至垂死冀生，无非人欲。空指一绝情欲之感者为天理之本然，存之于心。及其应事，幸而偶中，非曲体事情，求如此以安之也。不幸而事情未明，执其意见，方自信天理非人欲，而小之一人受其祸，大之天下国家受其祸。徒以不出于欲，遂莫之或寤也。(《孟子字义疏证》卷下)

故今之治人者，视古贤圣体民之情，遂民之欲，多出于鄙细隐曲，不措诸意。而及其责以理也，不难举旷世之高节，着于义而罪之。下之人不能以天下之同情，天下所同欲，达之于上，上以理责其下，而在下之罪，人人不胜指数。人死于法，犹有怜之者。死于理，其谁怜之！呜呼！杂乎老、释之言以为言，其祸甚于申、韩如是。(《孟子字义疏证》卷上)

东原此番议论，可谓沉痛已极。人类思想界，往往喜欢凭空就其个人聪明思辨之所至，来孤立一理，回头再把此理绳限一切实际之事象。不悟彼之所谓理者，不过其一人之意见。此种意见，若仅在其门人弟子间讲授，社会私家传述，为祸尚浅。若一时蔚成风气，并为在上之政治势力所援用，则为祸之烈，不可想象。此种例证，就西方思想史言，尤为显著。宇宙由一至善之上帝创造，此一信仰，据近代人类智识平心估量，依然只能说是一种意见，但西方历史上因宗教信仰之不容忍而杀人流血的惨烈，是何等地可怕呀！近代所谓天赋人权说，显然由宗教信仰作根柢。谓国家政权由社会公约所转付，此何尝有历史的客观证明？显然仍不过是一种意见，然而法兰西大革命因此激起。法国乃及欧洲，为此流了几多血，杀了几多人，其数量之钜，还不可骇么？黑格尔的历史哲学，雅利安血统的先天优异，人类历史文化之命定的前程，何尝不是一种意见呢？然而激动了近代德意志民族之狂妄幻想，由威廉直到希特勒，杀人流血，较之法国大革命，数量之钜，更又远过。马克思的历史哲学，是只沿袭黑格尔的历史哲学之形式而略加变更，遂有他的唯物辩证法与阶级斗争论。直到列宁、史太林掀起俄国革命，继续领导世界革命，为此流血，其数量之钜，又超过了法、德两国之所演，而至今仍未见其所届。在他们说是指导世界人类历史文化演进的唯一真理，其实还不是一个意见吗？古希腊哲人柏拉图的《理想国》，幸而仅是一私人理想，若果演成事实，岂不也要杀许多人，流许多血？可见戴东原所谓"自信天理"而其流变为"意见杀人"，在西方思想界觅例证，是最为深切著明的。只有中国思想，其一向的道路与西方不同。尤其是儒家思想，总喜欢体民之情、遂民之欲，只就眼前可见的人情、人欲，抱一种深透博大的同情敏感，_{此即孔子之所谓"仁"}来切近立说，_{此所谓"道不远人"}。平易教人。_{此所谓"以人治人，其则不远"}。因此若把西方思想界的格套来看中国，容易感到中国思想界，既没有西方人的那种宗教热忱，又没有西方哲学家

四一 戴东原　263

般的那种深微的思辨,又没有西方科学家般的那种严刻的证成。总像没有一种超越现实的高远想象,又没有各是其是的独特创见。所有只像是平庸、浅近、软弱与雷同。不知这些正是中国思想在世界人类思想中最超越、最独特、最灵动的智慧,与最细密的观察之具体的表现。中国所以能抟成如此广大的民族,绵历如此久长的历史,卓然创成了现世界人类中最有价值的一种和平文化之种种成绩,应该从其思想史上来体认。佛教入中国,才始在中国思想史里放了一异彩,然佛教思想,大体说来,实是近于西方性的,非中国性的。说理甚玄,而中间羼进了许多不近人情处。换言之,是哲学、宗教味重,人情常识味浅。较之孔孟说理之浅易平庸,远不相类。然试问涅槃究竟到底是人生的真理呢?还是像戴东原所说的依然是一种意见呢?若还不脱是一种意见,则何如孔孟般,老老实实以人人的意见作为意见之更近人生真理呢?我们最可注意的,禅宗之把佛学思想中国化,这应该是一种宗教革命,然在中国,不杀人,不流血,和平完成了,这岂不是人类历史一大异迹?宋儒思想,亦不免还带许多佛学成分。朱子之所谓理,_{朱子只说到"理先于气"。}是最富西方般的哲学气味的,遂引起戴东原深刻的驳难。其实朱子思想,并未闯出如上述西方般的"意见杀人"之大祸。只因满洲政权对当时思想界之高压,文字惨狱,焚书酷案,不断兴起。尤其如吕留良、曾静案,雍正颁发《大义觉迷录》于天下学宫,要中国读书人人人阅读。东原有感于此,遂有他《孟子字义疏证》的大声疾呼。而且戴东原之反朱子,亦是反清廷之推尊朱学,奉以为科举考试的标准。若使东原复生于今日,他应该有更沉痛、更可发人深省的呼吁的。可惜东原在当时,是一位最受人崇敬的考据学家,那时经学考据学风正如日方中,而东原言义理三书,_{即上述《原善》《绪言》与《孟子字义疏证》。}较经学大传统所言,究是太过偏激了,因此并未为其同时及后学所看重。东原在思想史上,也是及身而止,并无传人。

四二　章实斋

上述清代思想的三个代表人，王船山、颜习斋、戴东原，他们都有一共同倾向，即由宋明返先秦，因此连带有一共同态度，即推重古经典。东原同时有章实斋，却对此态度持异议，他自承是阳明良知学传统，主张以史学精神来替代经学。他说：

道之大原出于天，<small>此处天即指自然。</small>天地生人，斯有道矣，而未形也。<small>此处之道，则专指人文本位者而言。</small>三人居室而道形，犹未著也。<small>"三人居室"即是社会之雏型。</small>人有什伍而至百千，一室所不能容，部别班分而道著。仁义忠孝之名，刑政礼乐之制，皆其不得已而后起者。故道者，非圣人智力之所能为，皆其事势自然，渐形渐著，不得已而出之，故曰天也。（《文史通义·原道上》）

道有自然，圣人有不得不然。道无所为而自然，圣人有所见而不得不然也。众人无所见，则不知其然而然。

不知其然而然，即道也。圣人求道，即众人之不知其然而然，圣人所藉以见道也。学于圣人，斯为贤人。学于贤人，斯为君子。学于众人，斯为圣人。(《文史通义·原道上》)

故自古圣人，其圣虽同，而其所以为圣不必尽同，时会使然也。(《文史通义·原道上》)

实斋此处指出道原于人类社会之不得不然，而圣人求道，乃即学于众人，而知得此不得不然者。时代变，社会变，则此不得不然之道亦随而变。故曰：

事变之出于后者，六经不能言，固贵约六经之旨，而随时撰述以究大道。(《文史通义·原道下》)

彼舍天下事物人伦日用，而守六籍以言道，则固不可与言道矣。(《文史通义·原道中》)

言道然，言理亦然。故曰：

事有实据，而理无定形。(《文史通义·经解中》)

古人未尝离事而言理。(《文史通义·易教上》)

天人性命之学，不可以空言讲。故善言天人性命，未有不切于人事者。三代学术，知有史而不知有经，切人事也。近儒谈经，似于人事之外，别有所谓义理矣。(《文史通义·浙东学术》)

> 舍今而求古，舍人事而言性天，吾不得而知之。(《文史通义·浙东学术》)

经学求之圣人，求之古，史学求之人事，求之今。此亦思想态度上一大争辨。实斋说：

> 学者昧于知时，动矜博古，譬如考西陵之蚕桑，讲神农之树艺，以谓可御饥寒而不须衣食也。(《文史通义·史释》)

故实斋谓：

> 古人以学著于书，后世即书以为学。(《文史通义·与林秀才》)

> 古今以来，合之为文质损益，分之为学业事功文章性命。当其始也，但有见于当然，而为其所不得不为，浑然无定名也。其分条别类，而名文名质，名为学业事功文章性命而不可合并者，皆因偏救弊，有所举而诏示于人，不得已而强为之名，定趋向尔。后人不察其故，徇于其名，以谓是可以自命其流品，而纷纷有入主出奴之势焉。汉学宋学之交讥，训诂辞章之互诋，德性学问之纷争，是皆知其然而不知其所以然也。(《文史通义·天喻》)

若从本原处看，则一切学术思想，皆为救世，皆是道之一偏，皆可相通。若不从本原处看，则同是学圣人，同是治经典，仍可有汉、宋门户，有"道问学"与"尊德性"之辨。故实斋说：

> 为所当然，而又知其所以然者，皆道也。学术无有大小，皆期于道。学术当然，皆下学之器也。中有所以然者，皆上达之道也。器拘于迹而不能相通，惟道无所不通。(《与朱沧湄中翰论学书》)

但实斋当时，正是博古尊经，乾、嘉考据学极盛的时代。东原之受推崇，也在其考据，不在其思想。实斋把史学替代经学的意见，更不能为时代所接受。实斋史学，也只可说及身而止，依然没有传人。故清代纵出了几个思想家，但始终形不成风气，创辟不出一条路线。这是政治压力使然。许他们大家走的一条路，只是古经典之考据与训诂。中国史上思想的长时期沉郁，除却元代，再没有与清相比的了。

四三　现代思想

清代从道、咸以后，满洲政权开始崩溃，思想界又渐萌生机。但那时已是西力东渐，鸦片战争之后，继以太平天国，中国陷入一长时期的外来压迫与内在骚动。直到今天，已逾一百年，思想上却依然没有一新生。在这长时期中，思想新生之迟未到来，也有几个理由。

在思想史上，某一时期的思想到达了高潮，其后必然要继续一段时期的停滞与酝酿，而转变，然后接着是第二个新思想时代之来临。中国思想史上，轮得上最高潮的共有三期。最先是先秦诸子，两汉则在停滞酝酿转变中。第二是佛学传入，直到隋唐始达最高潮。晚唐、五代、北宋前期，又在停滞酝酿转变中。宋、明理学可算第三高潮，晚明诸遗老，正如先秦末期之荀卿、老子、韩非，以及《易系》《中庸》《大学》《礼运》一辈作者，又如佛学之有禅宗、华严，指示出这一高潮之盛极而衰。清代又是一停滞酝酿转变期。就以往过程论，此一时期亦不得谓甚长。

西方思想之传入，应该与近代中国思想之新生一大刺激，但与佛学传入有甚大之不同。佛学是纯宗教的，专偏出世，不牵涉政治社会一切现实问题。因此南北朝、隋、唐，一面是佛学思想广泛流播，一面在政治社会一切现实措施上，却大体因袭两汉旧规模，不致有根本上的翻动。近代西方思想，其关于宗教教理者，在中国始终未发生深沉之影响。而其关涉政治社会现实人生之种种理论与措施，则更为近代中国人所注意。惟此种种理论与措施之底里，或说源头处，则另有一更深远、更内在的历史文化之整体精神作背景。在我们没有把握到西方此一历史文化之整体精神而真切了解之以前，专从其浮显在外层，或流漫到末梢处的种种现实问题上来作枝节之认识与模仿，则往往知其一不知其二，见其貌未见其心，而匆遽硬插进中国思想之原有体系中来，更易引生波折，增添混乱。此其一。

佛教传入，因当时交通艰难，经典传播与翻译不易，其流入之速度极迟缓。因此转使此方得以慢慢咀嚼，逐步消化。近代西学东来，如洪流汹涌而至。性质既复杂，容量又广大，而流速又猛。遂使中国思想界产生一种生吞活剥、贪食不化之病象。此其二。

佛教之来，大体是彼来而此受。当时中国高僧们在国内，多已先有一番教育根柢，文化修养。自己先有一作底的准备，再求兼通，故双方异同有比较，有会通。近代吸收西化，大体是我往而彼教。出国留学的，多属青年，对本国传统历史文化，未有真实基础。学成归国，转成知彼而不知己，易于引起新旧冲突。把西方立场来回看中国，固不易得中国自己之真相。而把对东方一无了解的人骤进西方，等于赤手入闹市，没有资货，无从审细挑选鉴别，亦只有随手捡拾一些零碎不相干的新奇东西而止。此其三。

以前中、印交通，是纯思想的、纯理论的，又带一种宗教情绪。因此当时中国高僧们，都带一种个人牺牲的求真精神。近代中西交通，夹杂进商业与军事。彼方是一种帝国主义之殖民侵略，此方是力求富强，救危图存。最先动机，本不在文化与真理上，种种流弊，由此漫衍。此其四。

晚汉之季，中国思想界，由儒转道，走向消极。佛学在此时传入，更易投契。而且正为其态度是消极的，大家都想从实际人生圈子里抽身退出，来寻求另一种的真理。这一态度，在消极方面，可以解消当时实际人生中的许多纠结与矛盾。在积极方面，却给与当时人精神上另一种的兴奋与寄托。如是则消极又转成积极。晚清道、咸以下，满洲的高压政权开始崩溃，中国思想界开始想从古经典的研究中转向积极，重新注意到实际人生政治社会的各方面。而此时西方思想亦开始传入，似乎亦易相投契。但消极出世，只具一态度即够，积极入世，应该在智识上、理想上有更多准备。而道、咸以下的思想界，在此准备上实嫌不充分。根本自己没有一坚明确定的立脚点，急剧感受到西方那番精力弥满、横厉无前的积极领导，遂如盲人瞎马，干柴烈火。实干的意向超过了研寻，破坏的情绪超过了建设。事实上发生了种种阻碍与冲突，反而由此激起思想上的悲观，而转向极端与过激。于是正面向外的接受反少，反面向内的攻击转多。这一百年来的思想界，并不曾在外面引进了许多新的，却永远在内部不断破坏了一切旧的。此其五。

佛教教理，亦有种种派别，种种转变，但其派别中之共同点，较易认取。其转变过程，亦不甚急剧。近代西方文化，本身在五花八门，派别纷歧中，突飞猛进，急剧变动。尤其最近五十年，形成一大分裂、大震荡。急切不易把捉其中心精神与鲜明蕲向。中国人在绝无主观态度下一意追随，更易出主入奴，望尘莫及。此其六。

吸收外面另一传统的新文化来改造自己，本不是容易事。由于上述种种因缘，更使近百年来中国此一工作，更见艰难。而且中国已往思想界，对人文真理之探索，实有其甚深圆之见解。无怪近代中国人初与西方接触，还只肯承认他们的船坚炮利，国富兵强。当时的普通意见，都主张"中学为体，西学为用"。<small>此二语由梁启超、张之洞提出。</small>可惜当时，实在也并不知中学之体是什么的一个体。自己认识不足，在空洞无把柄的心理状态中，如何运用得别人家的文化成绩？到底逐步陷入，由造船造炮转到变法维新，又转到一连串的破坏与革命。最先是政治革命，继之是文化革命，又继之是社会革命。模仿别人不见效，总认是自己本身作梗,不断把自己斫丧。斫丧愈深,模仿更低能。最近共产主义在中国之横决,不能不说是由中国近五十年思想界之共业所促成。

严格言之,近五十年来,中国亦并无所谓思想界。只有孙中山一人,他终身从事革命的实际工作,固不该专以思想家目之。但中山先生实有他独特一套的思想,他不仅堪当这一百年来近代中国惟一的一个思想家,而且无疑地他仍将是此后中国思想新生首先第一个领导人。我们此下将只举中山先生一人,来代表这一时期之中国思想。

四四　孙中山

本篇之着重点，第一在指出中山思想确实在中国思想史之一贯统系里，有其承先启后的很重要、很高卓的地位。这一层须读者从头读了这一本《中国思想史》之全书后，始能真实了悟。本篇并非一单独的论文，而仅是全书中之一节目，因此有许多涵义，都像是引而未发。第二在指出中山思想确实在近五十年的中国思想界，有其独特的创辟与启示。这一层其实与前一层相连带。近五十年来中国思想界之大毛病，一面是专知剽窃与稗贩西洋的，而配合不上中国之国情与传统；一面是抱残守缺，一鳞片爪地捃撮一些中国旧材料、旧智识，而配合不上世界新潮流与中国之新环境。因此，此双方面同样够不上有领导中国走向新生之时代要求的一番大任务。中山思想实在能有贯通中西、融会古今之大气魄、大眼光。本篇只提纲挈领地求能摘举出此一思想体系中之上述的两个要点来。虽则本篇所摘举的都是人人尽知的，然而实在则并未深知。读者若果细心玩诵我此篇中所摘举的中山先生的几许话，来和这五十年内在中国思想界、言论界所习常流行的一般见解作一对比，便知中山思想实在未能在近代中国发挥出更真切而更伟大的影响。若读者怀疑我此篇所举未尽恰当于中山思想之真意义，则请读者们再回头细读中山原集，再自作思量，且看中山思想是否有其更综合、更扼要的立场和体系，确为作者此篇所未经顾及。否则若认作者此篇所举，确是中山思想之比较近真的叙述，则请读者们就此更作较深的研寻，究竟中山先生所对中国之崇扬、对西方之批评，是否靠得住？是否有其真知灼见？纵使读者认为中山先生之所崇扬与其所批评有未到十分处，然我要试问读者们，中国是否有值得崇扬处？西方是否没有经得批评处？中国将来思想之新生，是否要了解自己，要了解别人，要在此两种了解下调和折衷，自辟新路？若我们真能了解自己，则自己方面必然有值得崇扬处。若我们真能了解别人，则别人方面必然有可以批评处。我们且不论中山思想之具体内容，即就这一个态度上论，他已可作为近五十年来中国唯一伟大的思想家。惜乎中山先生也仅止是中国近五十年来一伟大的思想家，而并未真实成为近五十年来中国思想界之一伟大领导者。近代中国，实在并未深切了解中山思想之真精神与真意义，因此也说不上信仰，而且也并未追随中山思想之态度与路向，依然在盲目地崇扬西方，盲目地鄙弃自己。依然在人云亦云，不切痛痒地自作聪明；依然并未能真切认识到知之难与行之易。换言之，是并未能真切认识到中山先生所指"先知先觉""后知后觉""不知不觉"之三种人之如何深切地配合而求发生出一种大力量。中山先生实不愧是近代中国一先知先觉者，我深信在他的思想里，终于要发生出一种大力量。

首先该指出的，中山先生的思想，实在能融会旧传统，开创新局面。第二是他对西方思想不仅能接受，还能批评。他能在自己的思想系统里来接受，来批评。第三，是他的思想态度，实在能承续近代中国思想所必然趋向的客观路向。自晚明以下，思想界早有由宋明返先秦之蕲向。宋明思想比较太偏于个人内心的格、致、诚、正，而轻忽了人类共业之修、齐、治、平。又总不免多量夹杂进佛、老之虚与静的想象。晚明诸老，始竭力要挽回到动与实，挽回到修齐治平之大共业的实际措施。这一倾向，为满洲二百多年的高压政权所摧残。直到中山先生，才始重行上路，而又汇进了世界新潮流，来形成他博大无比的思想系统。

中山先生说：

> 予之革命也，其所持主义，有因袭吾国固有之思想者，有规抚欧洲之学说事迹者，有吾所独见而创获者。（《中国革命史》）

这是近代中国思想界所应有而且是唯一的出路。

本书限于篇幅，关于已往各时代各家派的政治思想，社会经济思想等，都未遑及。但叙述中山思想，则不能不从此着眼。实际上，就中国思想之旧传统言，此是修齐治平的大理论，而同时又是此下中国思想新生之大路向，这便是中山先生《三民主义》之大体系。但中山先生在提倡《三民主义》之前，有一套开宗明义的哲学根据，这即是《孙文学说》所主张的"知难行易"论，我们该先加叙述。

中山先生说：

> 中国事向来之不振，非坐于不能行，实坐于不能知。及其既知而又不能行，则误于以知为易，以行为难。倘能证明知非易而行非难，使中国人无所畏而乐于行，则中国事大可为矣。（《孙文学说》）

中山先生为要证明他"知难行易"的主张，共举了十种浅显的事例。饮食、用钱、作文、建屋、造船、筑城、开河、电学、化学、进化。其实这类事例，举不胜举。即如行路说话，岂非尽人所能，然如何举步移动，如何开口发音，即近代物理学、生理学专家，亦未能细加说明。故中山先生说："不知亦能行，能知必能行。"实是一颠扑不破的真理。他又说：

> 宇宙间的道理，都是先有事实，然后才发生言论。并不是先有言论，然后才发生事实。（《民权主义》第一讲）

这也同样的真确。这是中山先生思想之基本出发点，我们应该首先注意。

中山先生据此把人类进化过程，分成三个阶段：一由草昧进文明，为"不知而行"的时期。二是文明渐进，为"行而后知"的时期。三是近代科学发达以后，为"知而后行"的时期。

中山先生又把人类分为三系：一"先知先觉者"，创造发明。二"后知后觉者"，仿效推行。三"不知不觉者"，竭力乐成。他说：

> 此三系人相互为用，协力进行，然后人类文明进步，才能一日千里。（《民权主义》第三讲）

又说：

> 此三系人相需为用，则大禹之九河可疏，秦皇之长城能筑。（《孙文学说》）

以上是《孙文学说》中提出知难行易论的主要论点。即此可见中山思想实是十足代表中国思想中之传统特征，即所谓人文精神的。人文精神是专从人类历史文化进展以及人类社会之日常人生大群共业为出发，而依然即此为归宿的。因此中山思想，并不像西方一宗教家、哲学家或科学家，有其偏倾与专注。而博大宏括，同时又是平易浅近，十足代表一个中国思想家之本色。

中山先生的知难行易论，在中国传统思想之两大派别间，足可提示一调和的针向。先秦儒以孟、荀为两派。孟子道性善，人皆可以为尧、舜，侧重在行之易。荀卿分人类为大儒、小儒、庶民，重学重教，重礼重法，侧重在知之难。就孟子言，人类是平等的。就荀子言，人类是有等级的。在宋、明，朱、王为两派。朱子近荀卿，阳明似孟子。良知良能侧重行易，格物穷理侧重知难。论此两派思想之本质内含，也并非截然相反。故荀卿亦说"涂之人皆可以为禹"，阳明则有黄金成色与分量不同之譬。若就近儒言，行易论，很接近颜习斋。知难论，很接近戴东原。其实中山先生并非一学究，并不在掉书袋，但因他发挥了中国思想之固有本质，他能不受西方宗教、哲学、科学种种分门别类的专家意见之牢笼与束缚，他能直从中国传统人文精神中独放慧眼。我们中国思想史，自可把中国古先往哲来和他比拟。

中国传统思想之更大分野是儒与道。庄老看重在不知亦能行，"行而后知"的人类文化演进之更早阶段，所以他们常主回返自然，鄙薄文化。孔孟看重在"知而后行"的人类文化演进之较后阶段，所以他们看重文化更甚于自然，但亦并没有鄙薄自然之意。文化即从自然栽根。文化发展，依然脱离不了自然之大范围。中山先生所谓的先知先觉，应该知觉了不知不觉们所要知觉的。这即是章实斋所谓"学于众人斯为圣人"的理论。必如此，此三种人_{先知先觉、后知后觉与不知不觉}始能相互为用，协力进行。然后先知先觉者之思想与理论，才不致如戴东原所谓杀人的意见。而文化亦不会与自然相脱节。

下面继续讲中山先生的《三民主义》，这是近三十年来，中国一部家弦户诵的书。但书中精义，仍未为国人所共晓。我们再该重加叙述。

中山先生说：

> 什么是民族主义呢？按中国历史上，社会习惯诸情形讲，民族主义就是国族主义。_{中山先生能按中国历史讲，按中国社会习惯讲，此即其人文精神，亦即其思想之真实伟大处。}（《民族主义》第一讲）

> 中国自秦汉而后，都是一个民族造成一个国家。外国有一个民族造成几个国家的，有一个国家之内有几个民族的。_{这亦是中山先生一绝大发现。拙著《中国文化史导论》对此有详细的阐述。从这里，可以透露出中国文化之绝大价值，我们该深切注意。}（同上）

> 民族由天然力造成，国家用武力造成。_{近代西方人的国家定义，为土地、民众、主权三要素，实在涵义未赅，而且把国家在人类整体文化中、道义上的责任忽略了。从中山先生此一分别，可以发掘出中国传统政治理想之最高精神。}（同上）

> 由于王道、自然力结合而成的是民族，由于霸道、人为力结合而成的是国家。_{此两处所指的国家，实应专指西方国家而言。中国的民族是国族。中国的国家则是民族国家，亦可说是族国，此乃由民族文化形成，非由霸道武力形成。}（同上）

> 中国民族主义已经失去，而且已经失去了几百年。_{这是中山先生对近代中国史一种最透切的看法。近代中国大病正在此。拙著《近三百年学术史》详叙此一经过，非深切了解此三百年来思想上}

最大病根，即不易救中国。(《民族主义》第三讲)

中山先生的民族主义，一面反对帝国主义，一面亦反对世界主义。正为中国民族主义早已失去，所以晚清末年，像谭嗣同《仁学》、康有为《大同书》一类思想，都滑进世界主义去。中山先生说：

> 这个主义，照理讲，不能说不好。从前中国智识阶级，因为有了世界主义的思想，所以满清入关，全国就亡。王船山对此一点阐论甚详。(《民族主义》第三讲)

> 康熙就是讲世界主义的人。他说：舜，东夷之人也，文王，西夷之人也，都可来中国做皇帝。世界上的国家，拿帝国主义把人征服了，便提倡世界主义。只中国人误认为亦算是一种世界主义而已。所以世界主义不是受屈民族所应讲。(同上)

中山先生所讲的民族主义，是更着重民族文化精神的。他说：

> 欧洲所以驾乎中国之上，不是政治哲学，完全是物质文明。此一点，近代中国如康有为、梁启超诸人都忽略了，经中山先生再三提出，但国人了此者仍鲜。(《民族主义》第四讲)

> 欧洲科学发达，物质文明进步，不过是近来二百多年的事。(同上)

> 我们学欧洲，要学中国没有的东西。中国没有的东

西是科学，不是政治哲学。至于讲到政治哲学的真谛，欧洲人还要求之于中国。（同上）

但为何近代中国，连政治也不如西方呢？中山先生说：

因为失了民族主义，所以固有的道德文明都不能表彰，到现在便退步。（《民族主义》第四讲）

什么是中国民族的固有道德呢？中山先生说：

首是忠孝，次是仁爱，其次是信义，其次是和平。（《民族主义》第六讲）

但是现在受外来民族的压迫，侵入了新文化，那些新文化的势力，此刻横行中国，一般醉心新文化的人，便排斥旧道德。以为有了新文化，便可以不要旧道德。（同上）

中山先生这些话，只对三十年前的新文化运动而言，他也没料到共产党今天在中国的情形。当时一辈醉心新文化的人，必然觉得中山先生的话太守旧了。一个思想家的真价值，往往要经历几十年才显，所以先觉先知，实难能可贵。

中山先生又说：

我们旧有的道德，应该恢复以外，还有固有的智能，也该恢复。（同上）

中国古时有很好的政治哲学，像《大学》中所说"格物、

四四 孙中山

致知、诚意、正心、修身、齐家、治国、平天下"那一段话，把一个人从内发扬到外，由一个人的内部做起，推到平天下止，像这样精微开展的理论，无论外国什么政治哲学家都没有见到，没有说出。这种正心、诚意、修身、齐家的道理，本属于道德的范围，今天要把他放在智识范围内来讲，才是适当。我们祖宗对于这些道德上的工夫，从前虽是做过，但自失了民族精神之后，这些智识的精神，当然也失去了。（同上）

中山先生这一番话，有甚深涵义。他曾说：

> 主义是先由思想再到信仰，次由信仰生出力量。（《民族主义》第一讲）

反言之，无信仰即无力量。目前的中国人，因对自己民族失却信仰，因此也就失却了力量。不仅道德实践的力量没有了，即智识上开悟与了解的力量亦没有。因此要主张推翻一切旧道德、旧伦理、旧传统、旧文化，来全盘西化。我们要恢复固有道德，便该同时恢复固有的智能。即像《大学》里的话，我们该把近代人的目光、近代人的智识来重新研讨，再加发挥。我们该懂得许多过去的道理，一样还可以是今天的道理。如近代的西方，也何尝把希腊、罗马以及中古时期一切思想理论智识教训全推翻了？中山先生对此有详细发挥，此处不具引。只因近代中国失却了民族精神,所以西洋的无古无今都对,自己的无古无今都不对,那只是一种可耻的无知。

以下再说到中山先生的民权主义。中山先生对西方近代民权主义兴起之历史背景,以及现行民权政治之实际成绩,及其利弊得失之分限,分析得极详尽。更主要的是在切就国情,来为中国推行民权政治定下一具体轮廓。他说:

> 外国人批评中国人,一面说没有结合能力,又一面说中国人不懂自由。这样的批评,是自相矛盾。(《民权主义》第二讲)

> 近年欧美革命风潮,传播到中国,中国新学生及许多志士都起来提倡自由,他们以为欧洲革命,像从前法国,都是争自由,我们现在革命,也应该学欧洲人争自由,这可说是人云亦云。我们革命党向来主张三民主义去革命,不主张以革命去争自由。(同上)

> 提出一个目标,要大家去奋斗,一定要和人民有切肤之痛,人民才热心来附和。(同上)

> 中国革命目的,与外国不同。我们是各人的自由太多,没有团体,没有抵抗力,成一片散沙,所以要革命。实行民族主义,是为国家争自由。(同上)

按中山先生此段理论,实有甚深义据。非透辟看准中国文化政治传统,非真切了解中国社会现实病痛者,不能说,亦不敢说。然今天,则又对中国另加上一重痛疾与死症,却不能把中山先生此番话来替他们摆脱。这真所谓盲人骑瞎马,扶得醉人东来西又倒,总之没有思想的真切领导,徒知向人抄袭,共产党去了,还可有其他。

他又说：

> 天生人类，本是不平等的。各人的聪明才力有天赋的不同，所以造就结果当然不同。如果一定要把有造就高的地位压下去，成了平头的平等，至于立脚点还是弯曲线，还是不能平等。这种平等是假平等。世界没有进步。说到社会上的地位平等，是始初起点的地位平等。（《民权主义》第三讲）

> 中国政治进化，早过欧洲。两千多年以前，便打破了封建制度。欧洲就是到现在，还不能完全打破封建制度。在两三百年前，才知道不平等的坏处。欧洲人革命，都集中到自由、平等两件事。中国人向来不懂甚么是争自由、平等，就因中国的专制，和欧洲比较，实在没甚利害。中国人民直接并没有受过很大的专制痛苦。中国今日的毛病，不在不自由、不平等。如果专拿自由、平等去提倡民气，便离事实太远，和人民没有切肤之痛。他们便没有感觉，一定不来附和。（同上）

> 天之生人，虽有聪明才力之不平等，但人心则必欲使之平等，斯为道德上之最高目的。要达到这个最高目的，可把人类两种思想来对比。一种是利己，一种是利人。利己思想发达，则聪明才力之人，专用彼之才力去夺取人家利益，渐积成专制阶级，生出政治上之不平等。重利人者，每每牺牲自己亦乐为之。人人以服务为目的，

而不以夺取为目的。聪明才力愈大者，当尽其才力，服千万人之务，造千万人之福。聪明才力略小者，当尽其能力以服十百人之务，造十百人之福。至于全无聪明才力者，亦当尽一己之能力，以服一人之务，造一人之福。这就是平等之精义。（同上）

中山先生曾说：

> 国者人之积也，人者心之器也。国事者，一人群心理之现象也。心也者，万事之本源也。（《孙文学说·自序》）

有人问他，先生革命思想的基础是什么。他说：

> 中国有一个道统，自尧、舜、禹、汤、文、武、周公、孔子相继不绝。我的思想基础，就是这个道统。我的革命，就是继承这个正统思想，来发扬光大。（答第三国际代表马林语）

我们此刻若要来追问这一个道统和中山先生革命思想基础之间的具体关联，莫如充分注重上引的一番话。即"服务"与"夺取"之两种心理，由此可以上参孔子论仁、孟子论性善，直到阳明拔本塞源之论。

由于上述，可见中山先生的革命理论，实在涵有甚深极厚之中国传统文化精神，并不是盲目追随西方。但中山先生同时及其以后人，纵使信仰三民主义，亦实在不了解中山先生之真意义。这里中山先生有他极深刻极沉痛的指示。他说：

> 自义和团以后，一般中国人的思想，时时刻刻，件件东西，总是要学外国。（《民权主义》第五讲）
>
> 外国在物质文明的进步，真是日新月异，一天比一天不同。至于在政治上，外国比较中国，又进步多少呢？我们要学外国，便要把这些情形，分别清楚。外国对于民权的根本办法，没有解决。我们提倡民权，便不可完全仿效欧美。（同上）

他说：

> 政是众人的事，治是管理众人的事。中国几千年来，社会上民情风土习惯，和欧美大不相同，所以管理社会的政治，自然也和欧美不同。（同上）
>
> 欧美有欧美的社会，我们有我们的社会。管理物的方法，可以学欧美，管理人的方法，还不能完全学欧美。（同上）
>
> 欧美对于机器，有很完全的发明，但是他们对于政治，还是没有很完全的发明。我们现在要有很完全的改革，无从学起，便要自己想出一个新办法。（《民权主义》第六讲）
>
> 但中国人经过了义和团之后，完全失掉了自信力，

> 一般人的心理，总是信仰外国，不敢信仰自己。无论什么事，以为要自己去做成，单独来发明，是不可能的，一定要步欧美后尘，要仿效欧美的办法。（同上）

这真是中国民族命运此后一死生绝续的最要关键。若中国人永远不肯相信自己能想办法，永远要仿效他人，这真是死路一条。此刻信仰中山先生的，还是比附上西洋思想来信仰。反对中山先生的，也是援据着西洋思想来反对。中国人自义和团以来之五十年，已经不敢自己用思想，不肯自己用思想，也不信还有别个中国人能有思想。连中山先生都在内。在这样的心理状态下，起先是学德、日，其次是学美、法，再其次又想学德、意，又想学英、美，最后则学苏联。民族主义丧失了，又尚未到甘愿做殖民地亡国奴的心地，则必然要转向世界主义。但中山先生早说过：

> 如果民族主义不能存在，到了世界主义发达之后，我们就不能存在，就要被人淘汰。（《民族主义》第三讲）

而且中国若真个自己不能产生先知先觉，中国的后知后觉们，若永远只信仰先知先觉只在外国有，若他们永远只肯接受外国先知先觉者的指导，则他们也将永远得不到中国的不知不觉的老百姓们的合作。革命再革命，仿效再仿效，中国如何能不被淘汰？

中山先生的民权主义是他《三民主义》中最用心最精采的一部分。他确实把握到近代西方民主政治之真意义，再会通之于中国传统文化之真精神，要想切就国情来建设起一个近代中国的新民主政治。其思想境界，极广大，极开通，极平实，又极深微，实在值得我们再细研寻。至于他在民权主义中所发明的权能分职的理论，以及四政权与五治权分配并立的许多具体意见，则此处不拟详述。

以下讲到中山先生的民生主义。

我们要了解中山先生的三民主义，应该时刻不忘他所指出先知先觉、后知后觉与不知不觉的人类三分系。若无民族主义，将永远不会产生中国自己的先知先觉。若无民生主义，将永远得不到中国绝大多数不知不觉的老百姓们之附和与参加。民权主义之权能分职，则是为要谋此三种人巧妙地通力合作而设计的一架新机器。

中山先生说：

> 现在对中国人说要他去争自由，他们便不明白，不情愿来附和。但是对他说要请他去发财，便很欢迎。（《民权主义》第二讲）

> 我们的三民主义，便是很像发财主义。我们为甚么不直接讲发财呢？因为发财不能包括三民主义，三民主义才可以包括发财。（同上）

这是中山先生最深入而又最浅出的话。惜乎后来一辈讲三民主义的人，从没有从其内心深处真切的想为中国大多数人谋求发财。三民主义里包括不进发财主义，那三民主义自然该失败了。

民生主义便是要替人发财，然此话有更深涵义。中山先生说：

> 马克思以物质为历史的重心是不对的。社会问题才是历史的重心。而社会问题中，又以生存为重心。民生问题就是生存问题。（《民生主义》第一讲）

他又说：

> 民生为社会进化的重心，社会进化又为历史的重心，归结到历史的重心是民生，不是物质。（同上）

我们也可套用中山先生的话，说：民生主义里可以包括了物质，物质包括不了民生。民生主义里亦包括了发财，发财包括不了民生。中山先生又说：

> 社会进化，由于社会上大多数的经济利益相调和，不是由于社会上大多数的经济利益有冲突。社会上大多数的经济利益所以要调和，就是因为要解决人类的生存

问题。人类求生存，才是社会进化的原因。阶级斗争，不是社会进化的原因，是社会当进化时所发生的一种病征。这种病征的原因，是人类不能生存。马克思研究社会问题所有的心得，只见到社会进化的毛病，没有见到社会进化的原理。马克思只可说是一个社会病理家，不是一社会生理家。(《民生主义》第一讲)

这又是中山先生一针见血之论。我们应该知道，只有生理可以克治病理，病理却永远代替不了生理。若使中山先生的民生主义，早获在中国实行，则马克思的共产主义，绝对不会在中国蔓延。

但我们有一点，该在此处指出。中国人的民族主义，虽在上层智识分子们_{即后知后觉者}之脑筋里是早已失去了。但在一般民众_{即不知不觉者}中间，是依然存在的。义和团即是一好例。直从义和团以来之五十年，中国智识分子，从未为一般民众打算到他们的实际福利问题上去，却天天把自己从西方学到的许多对中国民众并非切肤之痛的思想和理论来无条件地向他们炫耀夸扬。外国的件件对，中国的件件不对。他们天天以宣传灌输外国先知先觉者的道理自负，他们并不觉到在中国一般民众之犹存有民族主义者的心情上，是会发生很大反感的。

可惜中山先生民生主义的讲演稿，是未完成的。他在讲了衣、食、住、行诸问题之后，本来预定要讲育、乐两题，而骤然停了。据今推想，"育"是发育成长之义，"乐"是快乐满足之义。民生主义不是解决了衣、食、住、行四项物质生活即告终了的，一面该要求大家人格上之发育成长，一面该求大家内心上之快乐满足。这些都不是唯物的理论所能包括和解决。中国传统思想，一向专重人文精神，因此也一向注意到民生问题。教育与礼乐，是中国传统思想，尤其是儒家思想，所特别看重的两大题目。想来中山先生若继续讲出此两题，必然有更精湛的发挥。必然要发挥到这两点，才始发挥出历史文化发展是以民生为中心的真实涵义。中山先生之民生主义，必然不仅限于物质生活的，必然对中国的传统人文精神有其甚深的渊源，甚大的创辟。这是有志发挥中山先生思想的人应该特别留心的。

现在我们可以总括说一句，中山先生的《三民主义》，应该是近代中国新生唯一的启示。若我们把一个人的生命作譬，民族主义是其人之精神与灵魂，民权主义是骨骼，民生主义是血肉。三者不可缺一。没有民族主义，即不能有灵魂，不能有真生命。所以我们还是希望要有民族的先觉先知。若我们能真切感觉到需要有民族的先觉先知，我们自有兴趣来仔细研究中国的思想史。